La Familia Bajo Ataque

"Construyendo Nuestra Torre Fuerte"

Rosaura Eunice Gaitán de Swanson

La Familia Bajo Ataque

"Manos unidas para siempre"

Derechos de Autor © 2015 por
Rosaura Eunice Gaitán de Swanson
Primera Edición, 2015
ISBN: 978-0992104672

DEDICACIÓN

Dedico este libro a mis amados padres, quienes ahora son unos venerables ancianos, llenos del amor de Dios y que siguen unidos en su vejez, a pesar de los fuertes temblores que sacudieron la torre de su hogar.

Ahora, ellos viven para contar el testimonio de lo que Dios hizo en sus vidas, y cómo la familia fue restaurada. También viven para bendecir a sus hijos, quienes han traído mucha alegría a ellos, los honran y rodean de amor y cuidados.

A mis amados padres, que son el ejemplo vivo, que "con Dios", una familia vive en una "Torre Fuerte" y las tormentas, no pueden destruir los cimientos de la Palabra de Dios; que son las herramientas e instrucciones que el Autor de la familia ha dejado, para las familias.

También dedico este libro, a aquellas familias que están luchando por mantener de "pie su Torre", y que en ocasiones pierden la fe y la esperanza de lograrlo. O para aquellas que su Torre, se ha derrumbado. Mi mensaje para ellos es: "ánimo, adelante, desbaraten lo que han construido con cimientos falsos y vuelvan a reconstruir con los Verdaderos Cimientos"

Rosaura Eunice

TABLA DE CONTENIDO

DEDICACIÓN _____ *3*

PREFACIO _____ *6*

1. ATAQUE A LA COMPOSICIÓN DE LA PAREJA EN EL MATRIMONIO: _____ 8
2. ATAQUE A LA PRIVACIDAD Y DESARROLLO DE LA FAMILIA _11
3. ATAQUE Al PACTO: (A la unidad, confianza, pureza e intimidad) _____ 13
4. ATAQUE AL ORDEN Y RESPETO DE LA AUTORIDAD: _____ 18
   - 4.1. El Hombre Cabeza De La Mujer: _____ 20
   - 4.2. ¿Qué pasa cuando el hombre no es cabeza? ¿Qué pasa cuando la cabeza deja de ejercer sus funciones en el cuerpo? _____ 22
   - 4.3. Cuando La Mujer Usurpa El Lugar Del Esposo: _____ 22
   - 4.4. ¿Qué pasa con los hijos, cuando el hombre no ejerce su liderazgo sabiamente? _____ 23
5. DEBERES Y FUNCIONES DEL HOMBRE EN LA FAMILIA: _____ 25
   - 5.1. Ser Cabeza, Modelo y Buen Ejemplo: Efesios 5:23: porque el MARIDO es cabeza de la mujer, así como Cristo es cabeza de la iglesia, la cual es su cuerpo, y él es su Salvador. _____ 26
   - 5.2. Amar A Su Esposa: _____ 27
   - 5.3. Edificar y Formar A Su Esposa: _____ 31
   - 5.4. Ser Fiel: _____ 33
   - 5.5. Sacerdote De La Casa: _____ 35
   - 5.6. El Varón Como Sacerdote: Ora e Intercede Por Su Familia: ____ 37
   - 5.7. El Hombre Como Sacerdote Bendice A Su Familia: _____ 38
   - 5.8. Gobernar Bien Su Casa: _____ 42
   - 5.9. El Padre Proveedor En El Hogar: _____ 50

LA BENDICIÓN DE SER ESPOSO Y PADRE _____ *57*

6. DEBERES O FUNCIONES DE LA MUJER EN LA FAMILA. _____ 59
   - 6.1. Mujer Como Ayuda Idónea De Su Esposo: _____ 59
   - 6.2. Mujer Sujeta A Su Marido: _____ 62
   - 6.3. La Mujer Creyente: Canal De Bendición al Esposo y Los Hijos. _68

6.4.	La Mujer Virtuosa.	71

LA MUJER EN LA FAMILIA _____ **88**

    7. DEBERES O FUNCIONES DE LOS HIJOS EN EL HOGAR. _____ **90**
        7.1. Obedecer A Los Padres. _____ 91
        7.2. Honra A Tus Padres. _____ 95
        7.3. Escuchar Y Guardar El Consejo De Tus Padres. _____ 98
        7.4. Los Hijos Recibiendo Disciplina. _____ 102

PARA LOS HIJOS _____ **108**

AGRADECIMIENTOS _____ **110**

ACERCA DE LA AUTORA _____ **111**

INFORMACIÓN Y CONTACTO _____ **112**

PREFACIO

En noches pasadas, meditando sobre los niños y jóvenes, vino a mi mente: "nuestra generación está sufriendo mucha presión, niños y jóvenes en situaciones extremas, se están suicidando, están sufriendo violencia, abuso y abandono". ¿Qué está pasando? Mi primera pregunta fue: ¿Quienes tienen la responsabilidad de ellos en primera instancia? Por su puesto, vino a mi mente la palabra: "padres". Entonces, tenía niños, jóvenes, padres; y de repente todo fue muy obvio antes mis ojos: **"LA FAMILIA ESTÁ BAJO ATAQUE"**; es un ataque directo al diseño, al modelo que Dios instituyó en la tierra para la familia.

A continuación vamos a analizar según la Palabra de Dios, que son esos ataques y porque se están dando; también estudiaremos las funciones o roles de cada uno de los miembros de la familia. Contaré algunas historias prácticas, que ilustrarán mejor y les ayudarán a entender los fundamentos y valores sobre los cuales deben fundar su familia. Compartiré consejos basados en experiencias personales, los cuales es mi deseo sean de gran utilidad a cada uno de ustedes, y los puedan aplicar en las situaciones que están viviendo.

Cuando terminaba este estudio sobre la familia tuve un sueño: Soñé que me habían invitado a comer a una casa, yo estaba con unos niños, al principio no quería aceptar la invitación, pues pensaba que no estaba vestida adecuadamente. Cuando llegamos al lugar, esa casa era una gran torre, entramos y una

La Familia Bajo Ataque

familia se encontraba viviendo allí. Comenzamos a hablar, y de pronto todo comenzó a temblar, un terremoto empezó a sacudir la torre, algunos pisos se hundían y paredes se agrietaban, pero una voz, me dijo: "Todo estará bien, no teman". Luego me vi con la misma familia, pero en otra parte de la torre, esta vez habían seres espirituales de maldad, dentro de la torre, comencé a reprenderlos y sacarlos fuera, ellos retrocedían y salían a otra habitación de la torre, pero no salían de ella, entonces le dije a toda la familia: "Todos unidos ordenémosle a estos seres de maldad salir de la torre", toda **la familia unida** comenzó a hacerlo, y estos seres salieron de inmediato. La torre donde vivía esta familia, estaba compuesta de columnas fuertes, esto son los fundamentos, los cimientos, sobre los cuales Dios quiere que edifiquemos nuestras familias.

A través del estudio de la Palabra de Dios y de sencillas preguntas, quiero que hagas un autoanálisis sobre ti, tu rol y tu familia. No quiero enjuiciarte; mi deseo sincero es ayudarte, y traer una voz de aliento, a la luz de la Biblia, para ver el Camino a seguir y como construir tu "Torre segura y estable"

Comencemos con estas preguntas: ¿Qué fundamentos sostienen tu familia? ¿Son lo suficientemente firmes para resistir cualquier ataque? ¿Cómo está la unidad en tu familia? ¿Están ayudándose mutuamente, están enfrentando a los enemigos unidos? Solo tú conoces las respuestas. Mi deseo con este manual, es recordarte las **herramientas que Dios te ha dejado**, para construir tu **TORRE FUERTE**.

Rosaura Eunice Gaitán de Swanson

1. ATAQUE A LA COMPOSICIÓN DE LA PAREJA EN EL MATRIMONIO:

"Varón y Hembra": única composición del Matrimonio

Génesis 1:27. Y creó Dios al hombre a su imagen, a imagen de Dios lo creó; varón y hembra los creó.

28. Y los bendijo Dios, y les dijo: Fructificad y multiplicaos; llenad la tierra, y sojuzgadla, y

señoread en los peces del mar, en las aves de los cielos, y en todas las bestias que se mueven sobre la tierra.

El significado de Génesis es orígenes, comienzos y fue aquí en este libro, donde Dios estableció el inicio de la familia y especificó **la composición de la pareja en el matrimonio, en una familia:** *varón y hembra*. **Dos seres humanos de diferente sexo. No hay lugar a otra combinación. Dios lo hablo muy preciso, hombre y mujer,** y dio instrucciones específicas a esta primera pareja que puso sobre la tierra. Al hombre le dio autoridad especial para gobernar. Dios tenía un plan perfecto para esa primer pareja o primer familia sobre la tierra. Toda otra composición en el matrimonio, está fuera de la voluntad de Dios, está fuera de la misma naturaleza de nuestros cuerpos; y trae consecuencias graves aquí en la tierra y también eternas. Se están desarrollando enfermedades mortales, por ir en contra de esta orden de Dios. A continuación leerán lo que Dios dice y advierte acerca de esto:

Romanos 1:26-32: ... pues aun sus mujeres cambiaron el uso natural por el que es contra naturaleza,

1:27 y de igual modo también los hombres, dejando el uso natural de la mujer, se encendieron en su lascivia unos con otros, cometiendo hechos vergonzosos hombres con hombres, y recibiendo en sí mismos la retribución debida a su extravío.

La Familia Bajo Ataque

Y como ellos no aprobaron tener en cuenta a Dios, Dios los entregó a una mente reprobada, para hacer cosas que no convienen; estando atestados de toda injusticia, fornicación, perversidad, avaricia, maldad; llenos de envidia, homicidios, contiendas, engaños y malignidades; murmuradores, detractores, aborrecedores de Dios, injuriosos, soberbios, altivos, inventores de males, desobedientes a los padres, necios, desleales, sin afecto natural, implacables, sin misericordia; quienes habiendo entendido el juicio de Dios, que los que practican tales cosas son dignos de muerte, no sólo las hacen, sino que también se complacen con los que las practican.

Creo que los anteriores versículos no necesitan ninguna explicación, solo quiero resaltar algo, no solamente, los que practican tales cosas, sino los que se complacen o avalan y permiten estas aberraciones, como es el caso de los países donde se está autorizando el matrimonio de parejas homosexuales. Dios dice, que aun los que se complacen, ellos también están bajo condenación de muerte. **Aquí se refiere a la muerte eterna, a la eterna separación de Dios, al juicio de Dios sobre ellos; tanto los que las practican, como los que se complacen o les parece normal**, diciendo que es un "derecho de libertad". Pero la Palabra de Dios es muy precisa, y bajo ninguna condición Dios acepta otra composición en el matrimonio.

2. ATAQUE A LA PRIVACIDAD Y DESARROLLO DE LA FAMILIA:

Génesis 2:24: Por tanto, dejará el hombre a su padre y a su madre, y se unirá a su mujer, y serán una sola carne.

Este es un mandato de Dios. El dejar implica, un desligarse, para que se dé algo nuevo, una nueva familia; aunque en ningún momento será un abandono de los padres. Los padres debemos honrarlos, amarlos, visitarlos. Pero ahora es el comienzo de una nueva etapa, ese hombre y esa mujer unidos, constituyen una nueva unidad llamada familia. El ataque a esta privacidad familiar se da, cuando no se obedece el principio de dejar y de ser uno solo, como esposo y esposa.

Hay cónyuges que todavía quieren seguir viviendo en las casas paternas, o aunque salen de sus casas, todavía los padres son la voz principal para ellos, y tienen a sus parejas en segundo plano; por lo tanto no puede lograr la privacidad con su pareja, ni una verdadera unidad. Pues hay más de dos personas, conformando esa pareja, y llegar a un crecimiento y desarrollo sano, será difícil o mejor dicho una imposible tarea; pues muchas son las voces que toman mando en esa familia. Esto no quiere decir que en algún momento podemos tomar consejo sabio de los familiares. Pero siempre la voz principal debe ser la de Dios y luego buscar el acuerdo con mi pareja.

La Familia Bajo Ataque

Para guardar la privacidad y desarrollo de la familia, se debe seguir este principio dado en la Palabra: "dejar y unirme", éste es el inicio de una nueva familia, dejar y unirse a otro, es pertenecer a ese otro, el ser "uno" con otro.

La familia necesita la privacidad, su espacio para hablar, compartir, hacer sus propias decisiones y normas del hogar. Las mujeres nos gusta decorar a nuestro gusto, pero si compartimos el espacio con otras personas o mejor con otra familia, difícilmente podremos ponernos de acuerdo en cuanto a los gustos en la decoración. Y eso sería, lo más simple, pues otros verdaderos conflictos se comienzan a presentar, cuando una pareja de recién casados, está viviendo, en alguno de los hogares paternos. Todos querrán opinar acerca de la nueva familia, y para ser más claro, todos estarán listos a criticar.

Sabemos también la importancia de la privacidad en la intimidad de la pareja, y más cuando están de "luna de miel". Pero dudo mucho que se logre una bonita y espontánea intimidad con tantos ojos y oídos alrededor.

Y qué decir, cuando vengan los hijos; los abuelos, los tíos, las tías, todos querrán dar sus "opiniones", e intervenir en la crianza de los hijos. Las normas que los padres quieran ponerles, tal vez no sean bien vistas. Por todo lo anterior, me pregunto: **¿Podrá desarrollarse y crecer sanamente una familia en estas condiciones?**

3. ATAQUE Al PACTO: (A la unidad, confianza, pureza e intimidad)

Éxodo 20: 14. No cometerás adulterio.

1 Timoteo 3:2: Pero es necesario que el obispo sea irreprensible, MARIDO DE UNA SOLA MUJER, sobrio, prudente, decoroso, hospedador, apto para enseñar;

Efesios 5:31-32: Por esto dejará el hombre a su padre y a su madre, y se unirá a su mujer, y los dos serán una sola carne. Grande es este misterio; mas yo digo esto respecto de Cristo y de la iglesia.

La Familia Bajo Ataque

El ser uno delante de Dios, una "sola carne", es un misterio. Pero vemos que la unión de un hombre y una mujer es tan sagrada a los ojos de Dios, que se compara con la unión entre Cristo y la Iglesia.

Definición: "El ser «una sola carne» involucra más que el acto sexual en el matrimonio. En verdad, ese acto matrimonial es el símbolo o la culminación de una unión más completa, de una entrega total a la otra persona. En consecuencia, si la unión completa no es una realidad, las relaciones sexuales pierden su sentido.

Otra definición del matrimonio que me gusta mucho es: El matrimonio es una entrega sin reservas, y un compartir profundo de la persona, en todo su ser, con su cónyuge, hasta la muerte. **El propósito de Dios es, que cuando dos personas se casan deben compartir todo: sus cuerpos, sus posesiones, sus percepciones, sus ideas, sus habilidades, sus problemas, sus éxitos, sus sufrimientos, sus fracasos, etcétera.**

El esposo y la esposa son un equipo y lo que cada uno hace, **debe ser por amor a la otra persona**, o al menos no debe ser en detrimento del otro. Cada uno debe preocuparse tanto por las necesidades de la otra persona como por las propias (Ef. 5.28; Pr. 31.12, 27).

Los esposos ya no son dos, sino una carne, y este concepto de una carne debe manifestarse en maneras prácticas, tangibles y demostrables. Dios no desea que sea sólo un concepto abstracto o una teoría idealista, sino una realidad concreta. La intimidad total y la profunda unidad son parte del plan de Dios para un buen matrimonio; sin embargo, no significan una total uniformidad e igualdad. Mi cuerpo se compone de muchas partes diferentes. Mis manos no hacen la tarea de mis pies y mi corazón no hace el trabajo de mi hígado. Hay gran diversidad de miembros en mi cuerpo y sin embargo mantienen la unidad. Las partes de mi cuerpo se ven distintas y actúan de una manera diferente, pero cuando funcionan normalmente cada parte trabaja para el beneficio de las demás, o, a lo menos, una parte no trata deliberadamente de herir a las otras.

Del mismo modo, el marido y la mujer pueden ser muy diferentes en algunos aspectos, pero no deben permitir que esas diferencias obstaculicen su unidad, porque el propósito de Dios para el matrimonio es la unidad total.

Sin embargo, tú y yo sabemos que la total unidad no se logra fácilmente, ya que **el obstáculo básico para el logro de la unidad, es nuestra pecaminosidad**. En Génesis 2.25, inmediatamente después de que Dios dijera que el marido y la mujer serían una sola carne, la Escritura dice: "Y estaban ambos desnudos, Adán y su mujer, y no se avergonzaban".

Después que pecaron leemos, que "fueron abiertos los ojos de ambos, y conocieron que estaban desnudos; entonces cosieron hojas de higuera y se hicieron delantales". En cuanto entró en escena el pecado comenzaron a cubrirse.

La Familia Bajo Ataque

Ese intento de cubrirse ciertamente era evidencia de que estaban conscientes de su pecado ante Dios. Inmediatamente y neciamente procuraron esconder su pecado de Dios. Y más aún, al cubrirse simbolizaban su esfuerzo por esconderse el uno del otro. Cuando entró el pecado, la transparencia y la unidad total que disfrutaban fueron destruidas.

Del mismo modo, como el pecado entró y estorbó la unidad de Adán y Eva, así nuestro pecado sigue siendo la gran barrera que entorpece la unidad matrimonial en el día de hoy. A veces la unidad matrimonial es destruida por el pecado del egoísmo, otras por el pecado del orgullo. En ocasiones esa unidad es quebrada por el pecado de amargura, o la ingratitud, la terquedad, el vocabulario hiriente, el abandono, la impaciencia, la aspereza o la crueldad. Fue el pecado lo que destruyó la unidad total de Adán y Eva, y es el pecado el que destruye la unidad de los esposos hoy día". (Esta explicación acerca de ser una sola carne, fue tomada del libro Fortaleciendo el matrimonio, por Wayne Mack).

También quiero recordarles, que las palabras: "yo, mío, mis", tienen que cambian por: "nosotros y nuestros". El egocentrismo no tiene lugar en el matrimonio, la independencia e individualidad, es un enemigo de la unidad.

Continuando sobre el ataque al pacto, hablaremos del adulterio. **El adulterio en un matrimonio, socava directamente al pacto de fidelidad,** que se prometieron los esposos delante de Dios y de los testigos. Este ataque tiene definitivamente como fin debilitar, destruir la unidad, intimidad y la confianza en la pareja. Infringe gran dolor, ira, sentimiento de inferioridad, vergüenza, desconfianza, deseos de venganza, y otra consecuencia fatal: dividir a la pareja (el divorcio). Cuando hay hijos de por medio, por supuesto, esto será aún más doloroso y con funestas consecuencias. Solo Dios podrá sanar y reparar todo el daño que conlleva el adulterio y un divorcio. **Pero nada es imposible para Dios.**

Después de un adulterio, debe haber un arrepentimiento genuino por parte del que lo cometió, y un verdadero perdón, de la pareja que fue ofendida, herida y burlada. Esto conlleva a todo un proceso de restauración familiar, que requiere de tiempo, paciencia, sanar heridas, ganar nuevamente la confianza, establecer normas y a veces se necesita de terapia familiar.

La palabra adulterio va más allá de lo que pensamos, Jesus dijo: **Mateo 5:28: Pero yo os digo que cualquiera que MIRA A UNA MUJER para codiciarla, ya adulteró con ella en su corazón. Y esto también se aplica a las mujeres, al codiciar otros hombres.**

Esta Palabra acerca de cuidar la forma como miramos es fuerte y radical, pero Dios sabe porque lo dice. Y esto corrobora más la santidad del matrimonio. Los hombres y aún las mujeres están en frente de una radical decisión: "guardar su pacto de fidelidad, aún con sus ojos".

Es un ataque muy fuerte a la pureza y fidelidad en el matrimonio que enfrentan en esta época las familias, pues por todo lado hay tentación (la televisión, internet, revistas, las vestimentas inapropiadas que exhiben cuerpos, etc.) *Pero todo aquel, que ha decidido ser fiel y guardar el pacto, Dios, por su Espíritu, le dará la templanza necesaria para salir victorioso.*

Gálatas 5:22-23 Mas el fruto del Espíritu es amor, gozo, paz, paciencia, benignidad, bondad, fe, mansedumbre, TEMPLANZA; contra tales cosas no hay ley.

Judas 1:24. Y a aquel que es poderoso para guardaros sin caída, y presentaros sin mancha delante de su gloria con gran alegría,...

4. ATAQUE AL ORDEN Y RESPETO DE LA AUTORIDAD:

En una familia, Dios y su Palabra deben ser la principal Autoridad, Jesucristo es la Cabeza del varón y el varón la cabeza de la esposa. **1 Corintios 11:3: Pero quiero que sepáis que Cristo es la CABEZA de todo varón, y el varón es la CABEZA de la mujer, y Dios la CABEZA de Cristo.**

El termino cabeza es señal de autoridad. Primero observamos el orden: Dios Padre, Cristo, hombre, mujer. Este orden lamentablemente, no se da en la mayoría de las familias. Unos no reconocen a Dios, ni como Creador y mucho menos, le dan el lugar principal en sus familias. Esta es la puerta principal por la cual son atacadas las familias: **Cuando no se invita a Dios y no se le da el lugar que le corresponde en nuestros corazones primeramente y luego en nuestra familia.** Esta es una gran puerta abierta, por donde entran todo de tipo enemigos, para minar y destruir un hogar. **Cuando Dios y su Palabra no son el fundamento sólido de una casa, esa familia está fundamentada en la arena y no en la Roca. Por lo tanto cuando vengan fuertes vientos, no tendrá el soporte necesario para estar en pie.** Mateo 7:24-27. No está cimentada en la Torre Fuerte, que es Dios y los fundamentos: su Palabra.

Una vez el esposo y la esposa decidan darle su corazón, su voluntad a Dios, y por ende, el lugar en su familia, comienzan a tener el principal fundamento, y la guía de cómo debe funcionar la familia. No serán familias disfuncionales, que es otro de los problemas de nuestra sociedad. Los integrantes de la familia podrán acceder al manual de instrucciones para saber los roles de cada miembro y cómo funcionar en pos de la armonía, crecimiento, bienestar y la unidad familiar.

Reconocer, respetar a Dios y practicar sus mandamientos, concernientes a la vida familiar, es el primer y gran paso que asegura una verdadera estabilidad en el hogar. Estos son los fundamentos para construir esa "Torre Fuerte" que debe ser cada hogar, cada familia, y cada miembro estará protegido, y se desarrollará sanamente y productivamente, según los planes de Dios, para cada uno.

4.1. El Hombre Cabeza De La Mujer:

Para entender mejor esta frase, debemos mirar que es una cabeza. La cabeza es la parte del cuerpo donde se encuentra el cerebro y otros sentidos que rigen el resto del cuerpo: la vista, el olfato, el tacto, la audición, el gusto. La cabeza envía ondas cerebrales y dirige funciones al resto del cuerpo. Podemos decir la cabeza es el líder en el cuerpo; entonces ahora podremos decir: el hombre en la familia, es el líder de la mujer, el líder de sus hijos.

Qué lugar tan especial ocupa el hombre en una familia, y también que gran responsabilidad. Dios puso al hombre como cabeza, como líder de la familia, *él es responsable delante de Dios por ella.*

En el huerto del Edén, después de que Eva fue engañada y que Adán cayó en transgresión, por desobedecer y dudar de lo que Dios había ordenado, vemos ¿a quién llama Dios primero?

> **Génesis 3:8. Y oyeron la voz de Jehová Dios que se paseaba en el huerto, al aire del día; y el hombre y su mujer se escondieron de la presencia de Jehová Dios entre los árboles del huerto.**
>
> **9. Mas Jehová Dios <u>llamó al hombre</u>, y le dijo: ¿Dónde estás tú?**
>
> **10. Y él respondió: Oí tu voz en el huerto, y tuve miedo, porque estaba desnudo; y me escondí.**

La Familia Bajo Ataque

Estaban el hombre y su mujer juntos, Dios sabía lo que había pasado; Eva fue la primera en caer en tentación, **pero Dios llamó a Adán, al hombre, al líder.** Dios sabe exactamente lo que hace al poner orden en una familia, al colocar un líder, en este caso al hombre. Para muchas mujeres esto les parece como discriminación o subvaloración. Pero no, esto es simplemente parte del orden que rige todas las cosas. Vemos que todo en el universo, tiene un eje, unas leyes, un principio, un líder, si esto no existiera, no habría universo, no habría orden, todo sería una gran confusión. Se imaginan en un cuerpo humano, donde cada órgano o sistema fuera autónomo. Es difícil y hasta gracioso imaginar esto, cada miembro del cuerpo haciendo lo que quiere, nunca se llegaría a un objetivo.

Cuando Dios diseñó al hombre, lo hizo con esta capacidad y con esta responsabilidad de liderar. El hombre y la mujer, siendo de la misma raza, vemos que tienen diferente forma de razonar, de sentir, de ver las cosas. Se dice que el hombre piensa con la cabeza, con la razón, y la mujer con los sentimientos, con el corazón. No queriendo decir, que uno sea más inteligente que el otro. SIMPLEMENTE DIOS NOS HIZO DIFERENTES, pero *complementarios.* Eso es básicamente lo que forma la unidad: Yo tengo lo que el otro necesita y el otro tiene lo que yo necesito; pero alguien debe encausar y dirigir, para tener orden, cumplir los propósitos y alcanzar las metas trazadas. Después hablaremos del importante papel de la mujer como ayuda idónea. Estudiaremos el significado preciso de estas dos palabras: ¨ayudad idónea¨

4.2. ¿Qué pasa cuando el hombre no es cabeza? ¿Qué pasa cuando la cabeza deja de ejercer sus funciones en el cuerpo?

En términos médicos, cuando el cerebro que es el principal órgano de la cabeza, no funciona, se dice que el paciente esta grave, en peligro de muerte, está en estado de coma. Bueno, **cuando un marido, no ejerce su función de cabeza**, podríamos decir que **el matrimonio está en peligro, es vulnerable y expuesto al fracaso.**

El hombre debe entender su papel de liderazgo en la familia *y asumirlo con sabiduría, responsabilidad y equilibrio*, sin llegar a extremos; para hacer esto, indiscutiblemente, debe estar bajo la autoridad de Cristo, que Cristo sea su Cabeza, así él podrá ejercer sabiamente con la ayuda de Dios y su Palabra, el liderazgo que Dios le entrego en la familia.

Dios le delegó al hombre esta gran responsabilidad y también le dejó las herramientas, y le promete la ayuda necesaria para llevar a cabo con éxito su misión de líder en la familia.

4.3. Cuando La Mujer Usurpa El Lugar Del Esposo:

Cuando esto sucede, la familia está en contra del orden divino, o mejor dicho, la mujer está transgrediendo el orden de Dios. La mujer toma el lugar de cabeza, cuando tiene un espíritu de manipulación, control o dominio y rebelión; y *abiertamente o sutilmente, usurpa el lugar del esposo*. Tal vez, este fue el ejemplo que la mujer tuvo en su hogar paterno; su madre era la cabeza, o tal vez fue herida por hombres o autoridades, y en respuesta a esto, *no quiere sujetarse, y no respeta* la autoridad de su esposo, por temor a ser herida nuevamente, o puede ser que simplemente su esposo le cedió el lugar de cabeza, no quiso asumirlo, por irresponsabilidad o por que repite el modelo de su padre, un padre que no era líder en su hogar y trasmitió, o enseñó este patrón distorsionado a sus hijos varones.

Cualquiera que sea el caso, esto está en contra del orden establecido por Dios para la familia y como vimos, esto expone a la familia y a sus integrantes al peligro, al caos, a la disfunción y por último al fracaso. Hay excepciones, cuando la mujer ha quedado viuda o falta la figura del padre por algún motivo; en este caso, ella debe ser líder para sus hijos, estableciendo las normas para la familia y poniendo siempre a Cristo como su Cobertura, y sujetándose a las autoridades que Dios ha puesto para ella. (Padres, pastores, consejeros).

4.4. ¿Qué pasa con los hijos, cuando el hombre no ejerce su liderazgo sabiamente?

Los hijos serán los más afectados, pues tendrán un modelo erróneo de familia. Cuando la mujer toma el lugar de cabeza y pisotea la autoridad del varón, o cuando el varón cae en un liderazgo opresivo y violento; entonces vemos en estos casos, que cuando la mujer usurpa el lugar del esposo, le está diciendo a su hija: "esto es lo que harás con tu marido". Y al hijo: "eres un débil, las mujeres tenemos el control". O en el caso de un mal liderazgo, por parte del padre, dejará heridas en los hijos, y creará resentimiento y rechazo a la autoridad.

Todos estos ejemplos distorsionados, traerán un **desequilibrio en la identidad del niño o de la niña o de los adolescentes;** y por lo tanto pueden repetir los patrones o sencillamente **perder su identidad sexual** y caer en el homosexualismo o lesbianismo.

La niña rechazará a los hombres y se inclinará por su mismo sexo, y los niños temerán o rechazarán el sexo contrario, inclinándose a su mismo sexo, o a querer repetir el modelo y tomar la identidad sexual de aquel que según el niño, tiene el control y el liderazgo en su hogar. Ya sea por rechazo o por admiración de sus modelos: "padre y madre", los hijos adoptaran una posición en su identidad sexual, y patrones de vida. Cuando estos padres no han seguido el orden divino: "que el hombre es cabeza en un hogar, o de ejercer un liderazgo sano y con sabiduría"; los hijos perderán su propia identidad sexual con la cual Dios los creo. O sino la pierden, vendrán al matrimonio con comportamientos y modelos erróneos o con heridas que no les permitirá una sana relación con su cónyuge.

Enseñar a nuestros hijos **el orden en la autoridad y la sujeción a ella, será un fundamento** sólido que estaremos poniendo en las vidas de nuestros hijos. Esto los ayudará en todas las áreas y etapas de su vida adulta.

5. DEBERES Y FUNCIONES DEL HOMBRE EN LA FAMILIA:

Proverbios 18:22: El que halla ESPOSA halla el bien, y alcanza la benevolencia de Jehová.

Ante todo, el hombre debe entender la gran bendición que él tiene cuando halla a su esposa, cuando forma una familia. En la sociedad a veces se dice, que el hombre que se casa y tiene su esposa, perdió su "libertad", se echó la soga al cuello, que está en desventaja de los solteros. Pero según la Palabra de Dios, esto es al contrario, el hombre que halla esposa, es bendecido por Dios, y tiene muchas más ventajas que un hombre que se encuentra soltero.

Los beneficios que tiene el hombre al casarse son muchos, Dios muy sabiamente dijo: "No es bueno que el hombre esté solo". El relacionarnos con alguien del sexo opuesto y vivir juntos, el compartir nuestras ideas, gustos, tiempo, hacer planes juntos, tener quien te escuche y te diga su opinión, alguien a quien cuidar y que te cuide, alguien que te anime y te ayude a crecer en todas las áreas de tu vida, eso y mucho más ofrece la vida en pareja.

También es muy interesante ver, como nos vamos complementando; pues en las áreas que yo soy débil, casi siempre mi cónyuge es fuerte. Y en las áreas que yo soy fuerte, a veces mi cónyuge es débil. Esto nos trae un balance, además, si somos cristianos, podemos ser más efectivos en el ministerio y cumplir juntos los propósitos de Dios.

5.1. Ser Cabeza, Modelo y Buen Ejemplo: Efesios 5:23: porque el MARIDO es cabeza de la mujer, así como Cristo es cabeza de la iglesia, la cual es su cuerpo, y él es su Salvador.

Acerca de esto ya hemos hablado, Dios lo estipulo de este modo en su Palabra, el hombre es el líder de la familia. Pero recordemos, que debe **ejercer su liderazgo, en sabiduría, equilibrio y amor**.

Parte de las funciones de ser cabeza, es ser modelo y buen ejemplo para seguir. De nada servirá que solo tú hables, enseñes y ordenes, pero nunca tu esposa y tus hijos te ven practicando lo que enseñas. He escuchado decir, que el ejemplo, el hacer, vale más que las palabras. Si tú vives y prácticas lo que quieres enseñar, los que te rodean, te imitaran y aprenderán más rápidamente. Por lo tanto es importante que reflexiones y examines que clase de cabeza, de líder estás siendo en tu hogar, que estás enseñando con tu ejemplo a tus hijos, que valores estás formando en ellos. Recuerda que ellos imitarán tu ejemplo, tú eres su modelo a seguir y esto es una gran responsabilidad.

Te daré un buen consejo, si quieres ser un buen padre, un buen líder, "sé un buen hijo de Dios". Estudia la vida de Jesús, es nuestro mayor ejemplo de Hombre, que estuvo bajo la autoridad de su Padre Dios, que **practicaba lo que enseñaba**, y es nuestro mayor ejemplo de amor. Amó, hasta dar su vida por toda la raza humana. **El amor de un buen padre, que es cabeza de su hogar, debe ser un amor sacrificial, como lo fue el amor de Jesús.**

Jesús enseñó el amor que se manifiesta con hechos, no solamente con palabras. Podrás ser un ejemplo digno de imitar para tus hijos, cuando tienes como base de tu caminar diario, "el amor", así estas dando el mejor ejemplo y serás un buen modelo a seguir.

5.2. Amar A Su Esposa:

Efesios 5:33: Por lo demás, cada uno de vosotros ame también a su mujer como a sí mismo;

Efesios 5:25: Maridos, amad a vuestras mujeres, así como CRISTO amó a la IGLESIA, Y se entregó a sí mismo por ella.

Efesios 5:29: Porque nadie aborreció jamás a su propia carne, sino que la sustenta Y la cuida, como también CRISTO a LA IGLESIA,

1 Pedro 3:7: Vosotros, maridos, igualmente, vivid con ellas sabiamente, dando honor a la mujer como a vaso más frágil, y como a coherederas de la gracia de la vida, para que vuestras oraciones no tengan estorbo.

Esto es algo de lo cual muchas mujeres se quejan: "mi marido no me ama, no es afectuoso, no es detallista, no me ayuda en la casa, no me valora". Muchas mujeres se sienten usadas, pero no realmente amadas.

Hombre, dile a tu esposa que la amas, a cualquier hora del día, dale un abrazo, un beso, un regalo, flores, chocolatines, etc. Pregúntale que quiere, que necesita, como la puedes ayudar en la casa, lavando platos, cocinándole o invitándola a comer a un buen sitio, ayudando con los niños. Esposo, sé sensible a las necesidades de tu esposa; todo lo anterior la mujer lo asimila como muestras de amor. Muchas veces la mujer cuando no se siente amada, solo calla y guarda las cosas en su corazón, esto comenzará a dañar tu relación de pareja.

Esposo, dile a tu esposa que la amas y **demuéstraselo con hechos. No la trates bien solamente cuando quieras "tener sexo" con ella. Tu esposa valorará mucho tus actos de amor y estará más dispuesta y apasionada para el acto sexual**.

Sobre todo procura tener muy **buena comunicación con tu esposa**, la mujer se sentirá amada cuando la escuchas, puede que a ti te parezca que ella habla demasiado, lo cual es muy normal en la mujer; pero demuestra tu amor, escuchándola. No le hagas sentir que sus ideas, que sus apreciaciones o que sus emociones no te interesan. Dios le ha dado a la esposa un discernimiento muy especial para cuidar de su esposo y sus hijos. Cuando tu esposa te esté dando un consejo, sé sabio y escúchala, puede ser que Dios te está queriendo decir algo a través de ella.

Hablando acerca de éste tema, el por qué las mujeres en general, hablan más que los hombres, tuve un buena respuesta, o mejor una buena pregunta para los hombres. Dime, si tú comprarás una computadora de alta tecnología, capaz de hablar y te dijeran en el catálogo que te ayudará a resolver problemas muy difíciles, que te dará instrucciones muy precisas y pertinentes; pero llegas a la casa con tu nueva computadora y resulta que esta computadora, no hace nada, no habla como se suponía y por supuesto no te está ayudando a resolver ningún problema. Te quedarías tranquilo y diciendo: "mejor que no hable". No, por supuesto que no, te pondrías enojado y pensando que te robaron tu dinero, que te engañaron con esa compra.

Bueno, mi querido amigo, Dios te prometió una ayuda idónea, una mujer que habla lo suficiente, como para darte unas buenas ideas o advertencias; entonces escucha a tu ayuda idónea, ella sí que es una excelente interlocutora, o diseño de Dios de alta tecnología, además, ama el dar consejos, para eso fue preparada o programada, por su Creador.

Tomen decisiones juntos, que tu esposa se dé cuenta de los planes, no importa si ya tomaste una decisión, y crees que es la correcta; pero consulta con tu esposa, ella te dará otro punto de vista. **Dios te dio en ella, una ayuda idónea. Usa esa ayuda que Dios te dio**, para que ore por ti y tomen decisiones en unidad, acorde a la Palabra.

Cuando la has ofendido con tus palabras o con hechos, lo primero que debes hacer es **reconocer que la heriste, pedirle perdón;** no dejes que el corazón de tu esposa se llene de heridas causadas por ti. La mujer, dice la Biblia, es como un vaso frágil, si un vaso de cristal, lo tiras, no lo sabes coger bien, se le harán grietas, hasta llegar a romperse.

¿Cómo estás tratando a tu esposa? ¿Con amor, como vaso frágil, o le estás haciendo grietas en su corazón?

La Familia Bajo Ataque

El amor que Dios te pide para tu esposa, es el amor con que Cristo amó a la Iglesia, ese es un amor que no piensa solamente en su bienestar, no es un amor egoísta, es un amor que da y desea lo mejor para el otro. Es el amor de **1Corintios 13: 4-7 El amor es sufrido, es benigno; el amor no tiene envidia, el amor no es jactancioso, no se envanece; no hace nada indebido, no busca lo suyo, no se irrita, no guarda rencor; no se goza de la injusticia, mas se goza de la verdad. Todo lo sufre, todo lo cree, todo lo espera, todo lo soporta.**

He leído y escuchado en estudios acerca del matrimonio, que uno de los propósitos del matrimonio es *morir a nosotros mismos y formar a Cristo en nuestras vidas.* Enseñarnos a amar a nuestro cónyuge con un amor que se sacrifica por el otro, Jesús dio su vida por la Iglesia, murió para salvarla. ¿Crees tú que estás amando a tu esposa con éste tipo de amor? Definitivamente la base de un matrimonio es ése tipo de amor; además si amas a tu esposa, te amas a ti mismo, pues según Dios, tu esposa y tú son como uno solo. Si aborreces a tu esposa, si la maltratas, te estas dañando a ti mismo.

Para que un hombre pueda amar con éste amor, debe haber entregado su vida a Cristo. Si amas a Dios, te amarás a tí mismo y amarás a tu prójimo. **Entregar tu vida a Cristo, es reconocer que Jesucristo murió en la cruz por tus pecados, pedirle perdón, que entre en tu corazón y aceptarle como Señor y Salvador de tu vida**; debes decir esto con tus propios labios. Dios te escuchará y te hará una nueva persona, te ayudará a cambiar, esto es un proceso, y el progreso dependerá de tu búsqueda y rendición a Dios.

Otra cosa que no deben olvidar, cuando un hombre cristiano, no está dando honor a la mujer como a vaso frágil, dice la Biblia que las oraciones son estorbadas; o sea que Dios no podrá contestar tus oraciones. Líderes que no están cumpliendo este deber de amar a sus mujeres y tratarlas bien, no podrán ser efectivos en el ministerio, pues sus oraciones son estorbadas.

5.3. Edificar y Formar A Su Esposa:

Efesios 5:25-27 Maridos, amad a vuestras mujeres, así como Cristo amó a la iglesia, y se entregó a sí mismo por ella, para santificarla, habiéndola purificado en el lavamiento del agua por la palabra, a fin de presentársela a sí mismo, una iglesia gloriosa, que no tuviese mancha ni arruga ni cosa semejante, sino que fuese santa y sin mancha.

Cristo se entregó a sí mismo para salvar y santificar a la iglesia, un esposo debe ayudar en el crecimiento espiritual de la esposa, orando por ella, enseñándole la Palabra. Muchos hombres se quejan de sus mujeres, que no son maduras o espirituales; pero déjeme decirle a usted esposo, si su esposa no es la mujer que usted está demandando, es porque **sencillamente usted no está haciendo bien su trabajo de ayudar a su esposa, y presentártela a usted mismo, como la mujer que debe ser, como la esposa que tú deseas.** Eso es exactamente lo que hace Cristo con la iglesia, la purifica, la lava para presentársela a sí mismo como una iglesia gloriosa, sin arruga, santa y sin mancha. Y esto es, lo que te dice la Palabra que debes hacer con tu esposa. **Deben orar juntos, estudiar la Biblia juntos, leer libros que los edifiquen. Ora para que Dios te muestre en qué áreas tu esposa necesita más edificación.**

Si tu esposa trae heridas de su pasado, tú puedes ser usado por Dios para sanar su corazón, en lugar de hacerle más daño. Alguien me conto de una mujer que había sido oprimida por su padre, y vio un mal ejemplo de él, luego se casó y su esposo, también siguió maltratándola, como resultado esta mujer lo abandono, y lo peor se volvió lesbiana. No estoy excusando su conducta, pero en cierta manera su esposo la empujo a eso; pues para ella los hombres eran sinónimo de dolor y maltrato. Como también puede darse el caso contrario; hombres que vienen con heridas profundas por sus madres, y luego, sus esposas acaban de dañar la poca estima del varón, esto puede causar un rechazo al sexo femenino. En ningún de los dos casos estoy excusando esta conducta de pecado, pero si es algo que debemos tener muy en cuenta, y saber sobre el pasado de nuestros cónyuges, para ser, restauradores, pedir sabiduría a Dios como podemos ser un canal para ayudarlos, y no continuar la cadena de maltrato, detrimento, o abuso en las vidas de ellos.

Hombre pregúntate: ¿Qué heridas tiene mi esposa del pasado? ¿Cómo puedo ayudarla a ser sana, restaurada? ¿Qué necesita mi esposa aprender a nivel espiritual o en cualquier otra área? Si no cocina bien, págale un curso de culinaria o cómprale revistas de cocina o sí tienes medios económicos, paga a alguien que cocine en tu casa.

No la juzgues, no la dañes con tus palabras, no hables mal de ella, **ayúdala, éste es tu trabajo y tú serás el primer beneficiado con esto. Tu esposa te devolverá con amor, respeto hacia ti, admiración y agradecimiento todo lo que hagas por ella, y por ende tus hijos serán bendecidos con una madre sana en sus emociones, y fuerte espiritualmente.**

5.4. Ser Fiel:

1 Timoteo 3:2: Pero es necesario que el obispo sea irreprensible, marido de una sola mujer, sobrio, prudente, decoroso, hospedador, apto para enseñar;

Hebreos 13:4: Honroso sea en todos el matrimonio, y el lecho sin mancilla; pero a los fornicarios y a los adúlteros los juzgará Dios.

Uno de los deberes o mandamientos más importantes en el matrimonio es la **fidelidad.** Esto no da lugar a mucha explicación, pues es algo entendible, dice marido de una sola mujer, también advierte que a los adúlteros los juzgara Dios. Como hablamos al principio, no es solamente el hecho de tener relaciones con otras mujeres, es también el hecho de codiciar a otras mujeres, de ver pornografía. **Dios demanda total fidelidad y para esto necesitas la ayuda del Espíritu Santo, el fruto de la templanza o el dominio propio.**

Gálatas 5:22-23 Mas el fruto del Espíritu es amor, gozo, paz, paciencia, benignidad, bondad, fe, mansedumbre, <u>templanza</u>...

Los hombres son muy visuales y justo están expuestos a toda tentación cada día, y de muchas formas. **Pero ser fiel, no es imposible. No hay ninguna excusa para la infidelidad, sólo basta que clames a Dios y busques la llenura del Espíritu Santo y que el fruto de la templanza crezca en ti.** Podrás voltear tus ojos y no mirar, lo que no debes, cerrar una página de internet, podrás decir no, ante una mala propuesta, podrás ser fiel a tu esposa aun con tus pensamientos. Solamente por haber decido ser fiel y clamar a Dios por tu santificación y templanza, Dios se encargara de guardarte sin caída.

Judas 1:24-25 Y a aquel que es poderoso para guardaros sin caída, y presentaros sin mancha delante de su gloria con gran alegría, al único y sabio Dios, nuestro Salvador, sea gloria y majestad, imperio y potencia, ahora y por todos los siglos. Amén.

Si esta área te está causando mucho problema, debes buscar ayuda urgentemente o consejería de un pastor o líder, para que te ministren y te ayuden en esta batalla, teniendo una cobertura sobre ti, y personas a quienes tú rindas cuentas de cómo está tu vida espiritual, te respalden en oración y consejos sabios, estos serán los primeros pasos para ser libre de cualquier lucha en el área sexual que estés enfrentando, sé sincero y abierto al contar todo, reconocer y pedir perdón a tu esposa, hijos y personas que fueron lastimadas con tu conducta.

Cuando hallas caído o cuando enfrentes una lucha sexual, ora y pídele a Dios que tu esposa pueda perdonarte, y sea sabia para apoyarte en oración, habla con ella sobre ese tema y cómo puede ayudarte. Aunque debes entender que una infidelidad causa mucho dolor, pero si tu arrepentimiento es sincero y demuestras que quieres ayuda para salir de ese pecado, y deseas cambiar de actitud, tu esposa también se dispondrá para perdonarte, ayudarte y no te condenará.

De la sinceridad de tu arrepentimiento y del genuino deseo de salir de este problema, clamando a Dios y siendo sincero con tu esposa, dependerá tu liberación, restauración y victoria en esta lucha que estés enfrentando en el aspecto sexual.

5.5. Sacerdote De La Casa:

"Ahora, pues, si diereis oído a mi voz, y guardareis mi pacto, vosotros seréis mi especial tesoro sobre todos los pueblos; porque mía es toda la tierra. Y vosotros me seréis un reino de sacerdotes, y gente santa. Estas son las palabras que dirás a los hijos de Israel. Entonces vino Moisés, y llamó a los ancianos del pueblo, y expuso en presencia de ellos todas estas palabras que Jehová le había mandado". Éxodo 19:5-7

¿Varón, como te gustaría que tu familia funcionara? ¿Conoces el plan de Dios para tu familia?

La Familia Bajo Ataque

Sacerdote: Es una persona escogida por Dios para ser mediador, otra palabra para sacerdote es pontífice o "constructor de puentes". Un Sacerdote ofrece sacrificios por el pueblo y lo bendice. Un Sacerdote mantiene una estrecha relación con su Señor y es líder del pueblo. Dentro del papel de sacerdote hay muchas funciones: "Puente", mediador, intercesor, protector, líder o guía, maestro, siervo, tareas especiales, privilegios y responsabilidades para con Dios, y seguir el orden y estatutos de Dios dentro de la familia, cumpliendo con ciertas funciones importantes para que el hogar funcione de acuerdo al plan establecido en la Biblia y cumpla su función en la sociedad.

El varón padre de familia como sacerdote, **debe conocer a Dios primero**, es decir si soy intermediario, puente, siervo de Dios, es porque conozco a Dios ¿Cómo entonces llevará a toda la familia a conocer a Dios, sí él primeramente no tiene una relación personal con Él. Por ignorancia de la Palabra de Dios, o por tradición, en algunos países funcionan los matriarcados, que no es otra cosa, que un espíritu de engaño, manipulación o jezabélico; donde la mujer ocupa el lugar del varón, y está tarea, de ser sacerdote del hogar se ha dejado a la esposa. "Para disciplinar, para cosas de religión", que se encarguen las mujeres", dicen algunos hombres. Esta es una realidad en muchos de los hogares, pero esta idea o costumbre está en contra del plan divino para el hogar, donde el padre, debe ser el sacerdote de su casa.

5.6. El Varón Como Sacerdote: Ora e Intercede Por Su Familia:

"Y acontecía que habiendo pasado en turno los días del convite, Job enviaba y los santificaba, y se levantaba de mañana y ofrecía holocaustos conforme al número de todos ellos. Porque decía Job: Quizá habrán pecado mis hijos, y habrán blasfemado contra Dios en sus corazones. De esta manera hacía todos los días. Job 1:5

Es un privilegio y un honor traer nuestras oraciones delante de Dios por nuestra familia, esto le agrada a Él y es su voluntad. Dios honra la oración del varón porque **hay una bendición sacerdotal y paternal fluyendo para la familia, solo a través del hombre.** Hay una bendición sacerdotal que fluye cuando los hombres cumplen con este mandato de Dios. La oración de un hombre por su familia es de vital importancia. Es hacer lo que Dios pide en su Palabra, el que hace que un fluir de bendición comience a derramarse para toda la familia.

Jesús como nuestro gran sumo Sacerdote está haciendo que la bendición fluya de parte de Dios para nosotros.

¿Qué necesidades tiene tu familia, ¿qué situaciones difíciles se están presentando?, ¿qué necesita tu esposa? ¿Qué debes clamar ante Dios por tus hijos? Bueno, tú eres el sacerdote de tu hogar, ese es tu trabajo y con la ayuda del Espíritu Santo y la gracia del Señor Jesucristo podrás hacerlo, **estás ungido para eso y además es tu obligación.**

Pararte ante el trono de la gracia por tu familia, ser un intermediario, un puente entre Dios y los tuyos, es un gran privilegio; y que a través de tu intercesión, tu familia reciba bendición, debe ser tu anhelo y mayor satisfacción.

5.7. El Hombre Como Sacerdote Bendice A Su Familia:

"Y Dios los bendijo, diciendo: Fructificad y multiplicaos, y llenad las aguas en los mares, y multiplíquense las aves en la tierra". Génesis 1:22

"Y Jacob se acercó, y le besó; y olió Isaac el olor de sus vestidos, y le bendijo, diciendo: Mira, el olor de mi hijo, Como el olor del campo que Jehová ha bendecido" Génesis 27:27

Entrando ahora en este tema, déjeme decirle que el hombre que conoce a Dios aprende a bendecir. A bendecir lo que hace, su trabajo, a su familia y **se hace un estilo de vida el estar bendiciendo.** Dios desde la creación no solamente hizo todas las cosas, sino que al final también **dio su bendición para que siguieran su curso normal y cumplieran con su propósito.**

Proverbios 18:21: La muerte y la vida están en poder de la lengua, y el que la ama comerá de sus frutos.

El hombre debe aprender de Dios y conocer la manera de bendecir. Muchas bendiciones las desconocemos por no escudriñar la Palabra. La mayoría de las personas ignoran que en sus bocas está el poder para que las bendiciones les alcance y para hacer que su familia, sus hijos sean bendecidos en esta tierra. El versiculo de Proverbios 18:21 habla por sí solo. Medítalo y escoge que harás con el poder de tu lengua, y lo que hables de acuerdo a la voluntad de Dios, eso vas a ver en tu familia.

Santiago 3:10: De una misma boca proceden bendición y maldición. Hermanos míos, esto no debe ser así.

Lamentablemente muchos padres usan sus bocas para maldecir o hablar mal a su esposa e hijos. Le dicen a sus hijos: "Todo lo dañas, nunca haces nada bien, no llegarás a ninguna parte, eres un fracasado". Y a su esposa le dicen: "Todo lo despilfarras, no eres capaz de hacer nada bien". Hombre ten mucho cuidado de lo que estás hablando a tu esposa y a tus hijos.

El varón como sacerdote de Dios, debe saber que ya ha sido bendecido por Dios y al ser bendecido, él también puede bendecir. Dios le ha dado autoridad al hombre para bendecir a su familia espiritualmente, emocionalmente y económicamente, hablando sobre ellos las promesas de Dios. Este principio de bendición por medio de las palabras, lo usaron para bendecir a sus familias los primeros patriarcas de Israel. Bendecir es decir bien, hablar bien, de alguien o a algo. Y maldecir, es hablar mal, decir palabras destructivas. ¿Qué quieres hablar y decir sobre tu familia?

El varón como sacerdote de su familia, debe aprender a bendecir a su esposa e hijos, de la manera que Dios nos ha enseñado en la Biblia. En Israel, cuando el sacerdote salía del tabernáculo bendecía al pueblo; **por lo tanto, debes cultivar tu vida de oración personal, estar primero con Dios, hablarle, oír su voz, escudriñar y meditar la Palabra, para que luego puedas salir de la Presencia de Dios a bendecir a tu familia.**

Un sacerdote del Dios altísimo bendice, y sabe el poder que hay en obedecer a Dios, de abrir su boca para bendecir y no maldecir. Un varón sensible a la voz de Dios practica la bendición con su boca. Es importante que como sacerdote de tu familia te mantengas bendiciendo a tu esposa e hijos, diciéndoles, hijo: tú serás el mejor estudiante en tu salón de clase, hijo tú llegaras a ser el mejor músico y compondrás hermosas canciones para Dios. Hija tú serás una gran doctora y misionera. Hijos ustedes serán cabeza y no cola, tendrán riquezas para bendecir a otros.

Cada hombre judío, pone las manos sobre la cabeza de sus hijos y los bendice. Podrán notar que los judíos, son grandes empresarios y se destacan en la sociedad en todo lo que hacen; esto viene de la bendición que sus padres hablaron sobre ellos. Este es un principio que Dios enseña. Jesús bendijo a los niños y a las personas. **Bendecir es un principio de fe que comienza en tu boca. Dios te ha capacitado y delegado la responsabilidad de bendecir a tu esposa y a tus hijos.** Puedes decirle a tu esposa: "serás la mejor vendedora de tu empresa. Mi querida esposa, tu negocio prosperará hasta que sobre y abunde, esposa mía eres una mujer sabia, eres la mejor esposa, la mejor madre".

La Familia Bajo Ataque

No pierdas esta costumbre o mejor dicho, cumple con este mandato de bendecir. Al cumplir con el privilegio que Dios te ha dado, al hablar palabras de bendición a tu esposa e hijos, tú serás el primero en beneficiarte, pues verás a tu familia creciendo y desarrollándose fuerte y cada uno cumplirá el propósito que tiene Dios con ellos, pídele a Dios que te muestre qué planes tiene él con tus hijos, y con tu boca bendícelos, alineados con la voluntad de Dios para ellos. Como padre, tienes ese privilegio de instruir, educar, formar a tus hijos, la Palabra dice: "Instruye al niño en su camino"... Pero lamentablemente muchos padres, no instruyen, sino que destruyen. ¿Qué quieres hacer tú con tus hijos? En tu boca está el poder para instruir, bendecir o para destruir.

Apreciado varón, más que un deber o una responsabilidad, **es un honor ser el sacerdote de tu casa.** El padre de familia como sacerdote, debe tener a diario una reunión para orar con su esposa e hijos, levantar en el **hogar un altar familiar para Dios**. Debes pedir ayuda al Espíritu Santo y ser creativo, para hacer el altar familiar y que sea acorde a las edades de tus hijos, donde tú puedas enseñarles la Palabra de Dios, que ellos la aprendan, mediten, memoricen y darles instrucción para el diario vivir. Conoce a tus hijos, sus inquietudes, problemas, que ellos tengan confianza de contarte a ti sus cosas, y puedan orar juntos por las soluciones. El altar familiar deber ser un tiempo sagrado, especial, **donde se respire la presencia de Dios, adoren juntos, y tus hijos reciban bendición**. No un lugar donde ellos se aburran, lo tomen a juego, o mucho menos un espacio donde se sientan condenados, acusados, oprimidos. Que sea un espacio para la instrucción en amor, la libertad, la buena comunicación y el gozo.

5.8. Gobernar Bien Su Casa:

1 Timoteo 3:4-5: que gobierne bien su casa, que tenga a sus hijos en sujeción con toda honestidad (pues el que no sabe gobernar su propia casa, ¿cómo cuidará de la iglesia de Dios?)

Tito 1:6: el que fuere irreprensible, marido de una sola mujer, y tenga hijos creyentes que no estén acusados de disolución ni de rebeldía.

Estos versículos son muy precisos en indicar que el hombre debe gobernar bien su casa. Gobernar es administrar, vigilar, ordenar, dirigir, enseñar, instruir, influenciar, poner normas y límites, poner fundamento sólido; se refiere a que el padre debe haber puesto la Palabra de Dios como fundamento del hogar. Debes poner límites a tus hijos, y que ellos no sean los que gobiernen o tengan sus propias normas en el hogar. Debes hablar con claridad sobre la conducta que esperas de tus hijos, sobre los horarios y deberes de ellos en el hogar, en el colegio, en sitios públicos, y también el comportamiento y normas que deben tener con los familiares y amistades. Enseña a tus hijos a respetar, a ser amable, educado; pero recuerda que tú debes empezar por dar el ejemplo de esto, que estás pidiendo que ellos hagan.

La Familia Bajo Ataque

Aplica la disciplina a tus hijos con equilibrio, sabiduría y amor, pero con firmeza. **Muchos padres son muy flexibles o inconstantes con las reglas que han puesto en sus casas.** Si los hijos ven que los padres no son firmes y constantes, con lo que han establecido como norma en la casa, ellos comenzarán a perder el respeto a la autoridad de su padre y saltarán las normas establecidas, pues ven que su padre no es puntual y perseverante con lo que él estableció. También, si los hijos no ven unidad y apoyo mutuo entre los padres, por ejemplo, si el padre da una orden para el bienestar y orden de la familia, pero la esposa no colabora en apoyar a su esposo, sino que deja a los hijos hacer lo contrario; los hijos aprovecharan esto, para no obedecer las órdenes del padre. Por lo tanto el hombre debe procurar al máximo la unidad con su esposa y el acuerdo, para lograr la estabilidad y orden en la familia, y así no perder autoridad ante sus hijos. **Lo que el padre dice, debe hacerse y cumplirse y la madre debe apoyar a su esposo.**

Las normas, responsabilidades y disciplina estarán basadas en la Palabra, según las edades de los hijos, en acuerdo con la esposa, y que a los hijos les quede todo bien informado y preciso. Cuando los hijos ven orden y disciplina en sus casas, esto les dará seguridad y estabilidad en todas las áreas de sus vidas, y de gran provecho, fundamento y formación para su futuro.

Los padres no pueden sobrepasar su autoridad y exasperar a sus hijos, pues al irse a extremos estarán socavando la estima de sus hijos, y los están provocando a ira y rebeldía.

Colosenses 3:21: Padres, no exasperéis a vuestros hijos, para que no se desalienten.
Desaliento: apocamiento, desmoralización, tristeza, depresión, postración, desfallecimiento, flaqueza, quebranto, abatimiento, apatía, descorazonamiento.

Padre, ¿leíste bien los sinónimos de desaliento? Vuelve a leer cada palabra y mira la gravedad de lo que puede ocurrir, lo que haces con la vida de ellos, cuando tú estás exasperando (irritando, desesperando) a tus hijos.

Efesios 6:4: Y vosotros, padres, no provoquéis a ira a vuestros hijos, sino criadlos en disciplina y amonestación del Señor.
Creo que los versículos anteriores están bien explicados, la palabra exasperar significa causar gran enojo, enfado, irritar a alguien. A veces los padres no son sabios en aplicar disciplinas o poner normas, recuerdo un caso de una chica adolescente, tenía una linda amistad con una amiga de su colegio, su madre pensó mal y le dijo a la chica, que si le estaban gustando las mujeres, y pronunció estas palabras: "Te has vuelto lesbiana". Esto hirió en gran manera el corazón de aquella jovencita; entonces comenzó a hablar y a salir con un chico, para que su mamá no pensara mal de ella, pero luego la mamá le dijo, que si estaba en malos pasos con este jovencito. La chica explotó en ira contra su madre, era lógico, la madre la provocó a furia, la hija simplemente se desalentó, se enfureció por las palabras de desconfianza de su madre hacia a ella. No sabía qué hacer, pues para su mamá todo lo que hacía estaba mal y la hija se sentía juzgada y no amada. La situación de esta joven llegó al extremo

de perderle el sentido a la vida, no querer vivir y contemplar el suicido como un escape. Gracias a una interversión directa de Dios mostrándole su amor, en una noche en que ella estaba desesperada clamó a Dios por ayuda, y de una manera sobrenatural, Dios le hizo sentir su amor, esto le trajo esperanza y deseos de vivir. Pero después siguió luchando con temores, depresiones severas. Hasta que Dios en un proceso de sanidad, le fue haciendo libre de todo este daño, que su madre, sin querer le había causado. Aquí en este hogar el padre estaba en una condición pasiva, no se daba ni por enterado, acerca de lo que estaba pasando entre la relación de madre e hija. El padre estaba en su propio mundo, y también ejercía una autoridad de violencia, pero nunca de dialogo, ni amor.

Otra cosa importante es que los padres nunca deben hacer preferencias con sus hijos, esto daña el corazón de ellos y crea división, rivalidad y celo entre los hermanos.

También debes ganar la confianza de tus hijas e hijos, pregúntales cómo se sienten, como les va en el colegio, universidad, cuáles son sus mejores amigos, que ellos tengan la libertad de invitar a sus compañeros a la casa.

Que un verdadero dialogo, donde la confianza y libre expresión pueda darse por parte de tus hijos hacia ti, debe ser tu objetivo y mayor logro; que ellos pueden verte como consejero, no como juez acusador. No los estés condenando ni quebrantando su voluntad y personalidad. **Aprende de Dios Padre, él nos ama, nos enseña el Camino, nos ha dado mandamientos, normas de**

vida, pero nos ha dado libre albedrio; y también disciplina y corrige en amor, para restauración, no para destrucción o desaliento. ¿Quieres ser un buen padre y saber gobernar tu casa? Entonces, aprende de Dios Padre.

El otro extremo seria no decirles nada, no disciplinarlos, no estorbarlos al darte cuenta que tus hijos andan en cosas indebidas, o están comportándose inadecuadamente.

Proverbios 13:24: El que detiene el castigo, a su hijo aborrece; más el que lo ama, desde temprano lo corrige.

Proverbios 29:17: Corrige a tu hijo, y te dará descanso, y dará alegría a tu alma.

Proverbios 19:18: Castiga a tu hijo en tanto que hay esperanza; más no se apresure tu alma para destruirlo.

Creo que el anterior versiculo, **da equilibrio a lo que debe ser la crianza de los hijos**. Disciplinarlos, poner normas, mientras hay esperanza, mientras pueden ser corregidos; pero también es muy enfático en no apresurarnos a castigarlos, a juzgarlos o no ser prudente en nuestras palabras para con ellos; sino lastimarlos y desesperarlos hasta destruirlos.

La Biblia habla de la varita, una reglita de madera, para dar un par de varitas en la colita, pero no se hará con ira, ni para dejar marcas y esta corrección es para los niños pequeños, para los grandecitos hay otro tipo de corrección, como quitarles algo que les guste o suprimirles por un tiempo algún privilegio que ellos tengan. La forma de disciplina, es algo interno de cada hogar y según las edades de los niños o jovencitos. **Las normas deben ser establecidas en acuerdo de los padres, explicadas a los hijos y se deben cumplir, deben ser constantes. Nunca castiguen con ira a sus hijos, no infrinjan castigos violentos**. Recuerden todo extremo es malo. Hace poco escuche en la televisión, que un padre golpeó violentamente a su hijita de 7 años, hasta matarla, debido a que la niña había sacado malas notas en la escuela. Esto es un horror, una barbarie, una insensatez muy grande, sencillamente no tiene nombre, es una absoluta crueldad, esto NO es disciplina o corrección, sencillamente es un asesinato. Por favor padres, nunca llegue a la violencia con sus hijos, **la Biblia habla de corrección, castigo, disciplina, no de violencia, maltrato o crimen.**

Puedes hacer de tus hijos unos rebeldes, puedes destruir su capacidad de crear, de soñar, de volar, de ser una persona autónoma, sí estás imponiendo a toda hora tu forma de pensar o la forma en que tú fuiste criado y no aplicas la Palabra de Dios sabiamente; luego cosecharás los malos frutos, que tú sembraste en ellos. Dios es nuestro Creador y Él nos ama, pero igualmente nos dio libre albedrio. Nos dejó el camino angosto para seguirlo, nos muestra el Camino en Jesucristo, pero el hombre decide.

Debes ser sumamente sabio en la forma que instruyes, aconsejas y disciplinas a tus hijos. Pide sabiduría a Dios para esto, lo necesitas con urgencia, pues no es un trabajo fácil el que tienes por hacer o el que ya estás haciendo; pero con Dios, con su ayuda, tendrás el equilibrio y sabiduría que necesitas. **Si te has equivocado con tus hijos, pídeles perdón, sana sus corazones y vuelve a empezar con la ayuda de la Palabra y del Espíritu Santo, si es muy grave la situación busca ayuda en consejeros familiares, en personas cristianas con experiencia en la educación y formación de niños o jóvenes.**

Hay excelentes libros que ayudarán en tu labor basados en la Palabra de Dios, que te darán orientación en tu importante trabajo como padre. Pues déjame decirte que tener y educar hijos, no es una responsabilidad menor, es una de las más notables labores que Dios le ha dado al ser humano; **padres, Dios ha encomendado vidas humanas en tus manos y tendrás que responder por ellas.**

Los hijos son para que los lances como saetas o flechas, al destino que Dios tiene para ellos, pero si no tensan bien el "arco de la disciplina", si lo dejan flojo, o sea una disciplina flexible, o en el caso contrario, un arco con una cuerda muy estirada, casi al punto de reventarse, siendo este caso, una disciplina violenta y castrante. Al estar en cualquiera de estos dos extremos, están fallando en el afinamiento del arco, y esas flechas que son sus hijos, se podrán desviar de los planes que Dios tiene para con ellos.

Salmo 127: 4. Como flechas en las manos del guerrero son los hijos de la juventud.

A este punto mi pregunta para ti querido padre es: ¿Cómo estás gobernando tu casa? ¿Tu arco de la disciplina está bien equilibrado para lanzar correctamente las flechas?

Unas últimas recomendaciones para que recuerdes son: cada niño o niña es diferente, al igual que cada joven o jovencita. Cada etapa de sus vidas es distinta y ellos tienen procesos que debes comprender, y con la ayuda de Dios guiarlos, instruirlos y disciplinarlos con el equilibrio que habla la Palabra, "corrige a tu hijo, desde temprano, pero no te apresures a desesperarlo o destruirlo". Pro.19:18.

Queridos padres, una palabra de esperanza y confianza: si ustedes han criado e instruido a sus hijos en el camino del Señor, simplemente **deben confiar en que la Palabra no vuelve vacía, ore por ellos y esté seguro, que ellos están en las manos de Dios. Si sus hijos tienen a Jesús como centro de sus vidas, no se apartarán del buen Camino**; y más que sus hijos, ellos son primeramente hijos de Dios.

Ustedes están cuidando esa herencia que Él les dio, la cual son sus hijos; pero háganlo sabiamente. No se vayan a extremos, el mejor ayudador para todos nosotros es el Espíritu Santo, **pídanle sabiduría a Dios, para tratar con cada uno de tus hijos en particular**, pues cada uno de ellos es diferente, con caracteres particulares y deben respetar esto. Pide ayuda al Espíritu Santo, de cómo encausar a sus hijos en el conocimiento de Dios y una relación personal con Él; y descubrir y ayudar a desarrollar los talentos y llamados que Dios ha puesto en ellos.

Salmo 127:2 Los hijos son una herencia del Señor,... (Traducción Nueva Versión Internacional)

Dios desea ayudarte, Él ha dejado el "Manual de Instrucción", la Biblia; y está siempre presto a escucharte, cuando clames por ayuda en esta valiosa, inigualable, preciosa, única, y gran labor o misión que Él te ha encomendado: Ser padre y gobernar bien tu casa.

Que tú busques a Dios por ayuda y que nunca desmayes, ni te desanimes o desvíes en tu labor, es mi oración y mayor deseo para ti, valiente y sabio guerrero que lanzará sus flechas muy alto, con su arco bien tensado.

5.9. El Padre Proveedor En El Hogar:

1 Timoteo 5:8: porque si alguno no provee para los suyos, y mayormente para los de su casa, ha negado la fe, y es peor que un incrédulo.

El hombre debe proveer para su familia, esto es algo normal y lógico. Se supone que cuando un hombre y una mujer deciden formar una familia, deben de planear la manera que vivirán y sostendrán su hogar. **Puede decirse que la mayor responsabilidad de sostener la familia y proveer para las necesidades del hogar recae en el hombre**, pues Dios le habló a Adán de trabajar la tierra con sudor y esfuerzo, y a la mujer le dijo de dar a luz sus hijos con dolor; todo esto paso después de la caída, aunque antes de la caída, ya Dios les había hablado de cuidar la tierra, de señorear sobre todo lo creado, alimentarse y multiplicarse, esto significaba trabajar. El trabajo dignifica, no es un castigo, como algunos piensan.

Algo muy importante para recordar, es que Dios, descanso el último día. Hay padres que se vuelven adictos al trabajo y descuidan la familia poniendo en primer lugar el trabajo. **Aplica el equilibrio también en esta área, provee para tu hogar, pero no sacrifiques el tiempo de tu familia por el trabajo.** Muchos hombres trabajan y trabajan, según ellos en pro de la familia, pero al final se quedan sin familia.

Se debe enseñar a los niños y niñas a amar el trabajo, a ahorrar, a diezmar, ofrendar y sembrar. Se les puede dar pequeñas tareas en la casa según sus edades, cosas muy sencillas que pueden hacer, como recoger la ropa sucia que se quitan y ponerla en el sitio designado para esto; en fin, los padres sabrán mejor que asignar a los niños y niñas en casa, sin que esto sea un peligro para ellos, todo debe ser muy sencillo y acorde a sus edades. Esta es una forma de enseñarles a usar bien el tiempo y a comenzar a hacer pequeñas labores o responsabilidades, pues este es un hábito que deberán ir asimilando, para luego practicarlo, cuando se enfrenten al mundo laboral. También instruirlos acerca de no gastar todo el dinero, inculcar el hábito del ahorro, de comprar lo necesario, y después viene la diversión o algún gusto que quieran darse.

Es de suma importancia también que ellos aprendan a diezmar desde niños; si los padres hacemos esto con nuestros hijos, de seguro **estamos preparando**

hombres responsables, buenos administradores de sus dineros y posesiones, que serán prósperos financieramente y excelentes proveedores en su hogar. Igualmente ellos serán dadores alegres, para ayudar en la extensión del Reino de Dios.

El padre debe dar ejemplo de proveer para su casa, vemos que la Palabra dice: "un hombre que no provee para su propia casa está negando su fe, y es peor que un incrédulo"; tus hijos aprenderán de tu ejemplo. Da ejemplo de que provees todo lo necesario, que sabes administrar el dinero, que no están gastando más de lo que son sus ingresos, y que ahorras para el futuro. Tengan una contabilidad familiar, un libro donde ustedes anoten sus ingresos y sus egresos semanales o mensuales, guarden recibos y facturas de pagos, pónganse de acuerdo en los gastos que son necesarios y traten de hacer las compras en lugares más favorables y donde puedan economizar. Esto dará orden y estabilidad en sus finanzas y también están enseñando a sus hijos algo muy básico para sus vidas.

En la época actual donde los salarios son muy bajos, se hace necesario que los dos padres trabajen. Estoy de acuerdo en que la mujer puede trabajar y ayudar a su marido en esta parte del sostén económico del hogar, pero **solamente cuando es estrictamente necesario**; de lo contrario sería mejor que ella permaneciera en casa cuidando de los niños, al menos mientras están pequeñitos.

Padre, tú puedes ser el proveedor de tu familia, cuando pones a Dios y su Palabra en primer lugar, y nunca olvidando esto: **Dios es tu proveedor**.

Génesis 22:14: Y llamó Abraham el nombre de aquel lugar, Jehová proveerá. Por tanto se dice hoy: En el monte de Jehová será provisto. 2 Corintios 9:10: Y el que da semilla al que siembra, y pan al que come, proveerá y multiplicará vuestra sementera, y aumentará los frutos de vuestra justicia, Malaquías 3:10: Traed todos los diezmos al alfolí y haya alimento en mi casa; y probadme ahora en esto, dice Jehová de los ejércitos, si no os abriré las ventanas de los cielos, y derramaré sobre vosotros bendición hasta que sobreabunde.

La bendición de Dios y su provisión nunca faltaran, cuando tú seas fiel a él. No olvides nunca honrar a Dios con tus diezmos, ofrendas y siembras; entonces Dios siempre te dará la semilla, te multiplicará y aumentará tu dinero y posesiones.

Querido padre, descansa en Dios, él te dará la salud, solamente trabaja, esfuérzate con tus manos, no seas perezoso o negligente, sé diligente y persistente; no seas altivo, se humilde, grandes empresarios han empezado desde abajo, desde trabajos aparentemente insignificantes. Dios te abrirá puertas para excelentes trabajos o te dará la habilidad para hacer las riquezas. **Deuteronomio 8:18: Sino acuérdate de Jehová tu Dios, porque él te da el poder para hacer las riquezas, a fin de confirmar su pacto que juró a tus padres, como en este día.**

Una verdad que debes recordar: **tú eres, sólo administrador de todo el dinero o posesiones, que Dios te ha permitido tener o que tendrás**.

Debes ser fiel en administrar las riquezas de Dios y también nunca te olvides, que Dios te bendice para que tú seas de bendición a otros que lo necesitan: al huérfano, al pobre a la viuda, pero por supuesto **supliendo para tu hogar primeramente y después para los de afuera.**

> **1 Corintios 4:2: Ahora bien, se requiere de los administradores, que cada uno sea hallado fiel.**
>
> **Génesis 12: 2...y te bendeciré, y engrandeceré tu nombre, y serás bendición.**
>
> **Deuteronomio 10:18: que hace justicia al huérfano y a la viuda; que ama también al extranjero dándole pan y vestido.**

Pide a Dios, que Él, edifique tu casa. **Que Dios siempre sea el "Cimiento Fuerte" de tu Hogar. Salmos 127:1: Si Jehová no edificare la CASA, en vano trabajan los que la edifican; Si Jehová no guardare la ciudad, en vano vela la guardia.**

Querido amigo, espero que tú seas un hombre nacido de nuevo, y que Jesús sea tu Salvador y Señor y estés bajo su autoridad, que él sea tu Cabeza y así podrás ser el esposo y padre que Dios requiere de ti. Si no has hecho de Cristo tu Salvador y Señor, y quieres hacerlo ahora, puedes decir con toda sinceridad esta sencilla, pero poderosa oración: Dios, hoy reconozco que he cometido muchos errores, que he pecado contra ti, pues no he obedecido tu Palabra. Pero sé que Tú enviaste a tu Hijo Jesucristo para morir por mis pecados. Jesús

La Familia Bajo Ataque

recibo tu perdón por todos mis pecados, toma mi vida, limpia mi corazón con tu preciosa sangre, entra a mi corazón y has de mi un hombre nuevo, que yo sea el esposo y el padre que mi familia necesita. Jesús te recibo como mi Señor y Salvador. Amén.

Un consejo muy importante, escribe cinco razones por las cuales decidiste casarte con tu esposa. Y luego escribe todas las cualidades físicas, morales, intelectuales y espirituales de tu esposa, que te enamoraron. Y otra lista de las cosas que quisieras que tu esposa mejorara. Y pregúntale qué clase de ayuda, ella desea que tú le des, para que ella pueda mejorar o cambiar aquellas cosas que están afectando la relación. Compra una buena cena o si eres buen cocinero, prepara algo especial, ponte bien guapo, con tu mejor ropa y loción, compra flores, chocolatines o lo que más le guste a tu esposa y al finalizar la cena comparte estas listas que escribiste y habla con ella en forma amigable. Hagan nuevas metas y propósitos para renovar y profundizar en su relación matrimonial.

Recuerda que de la estabilidad de ustedes dos, como pareja, dependerá una sana y sólida crianza para sus hijos, y un hogar, como una Torre Fuerte para todos, donde los lazos de amor, de unidad, compañerismo, fidelidad, ayuda mutua, servicio, crecimiento espiritual, moral, desarrollo de la personalidad, habilidades, metas personales y familiares compartidas, sean los lineamientos de nuestra familia, y construyan los pilares fuertes de nuestro lugar de refugio, que se llama hogar. Donde sea el lugar que siempre deseemos estar, después de un día de estudio, trabajo, labores, etc., y que el pensar

La Familia Bajo Ataque

en regresar a casa, sea nuestro refrigerio y anhelo. Y nunca sea una pesadilla o aburrimiento llegar a nuestro hogar. Que sea el lugar donde nos sintamos amados, seguros, valorados, escuchados, protegidos, que cada miembro sienta que es respetado y tomado en cuenta. El hogar debe ser una Torre Fuerte, que nos brinda seguridad, refugio. Y que nunca se convierta en una cárcel o lugar donde somos juzgados, criticados, rechazados, ridiculizados, reprimidos, donde se destruyan los sueños, y no halla libertad de expresión.

De los padres depende el ambiente que crearan en su hogar, un ambiente de paz, alegría, amor, comprensión, confianza, estabilidad, libertad para el sano desarrollo, dentro de normas claramente establecidas. Se formen valores, se permita y facilite el desarrollo de las habilidades y talentos naturales. Se reconozca a Dios, como el creador de la familia y se siga el manual de instrucciones que él nos dejó: la Biblia.

Querido padre tu papel de proveedor, no es solamente en el área de dinero y bienes materiales. Debes también proveer todo un ambiente favorable, que permita el desarrollo y crecimiento de tu familia, según el plan de Dios. Proveer literalmente un lugar de resguardo, una Torre Fuerte, que salvaguarde a tu esposa, tus hijos de las adversidades, y a la vez que los prepare para tener las herramientas necesarias para vivir en este mundo, y cumplir sus propósitos para los cuales Dios los creo. No vivimos por vivir o para acumular éxitos, vivimos para cumplir un llamado especial y ser útiles en nuestras familias, la sociedad y las naciones.

La Familia Bajo Ataque

LA BENDICIÓN DE SER ESPOSO Y PADRE

Padre eres el líder de tu familia,
ejerciendo tu liderazgo,
en sabiduría, equilibrio y amor,
como lo manda el Señor.

¿Qué clase de líder estás siendo en tu hogar?
tus hijos aprenderán de tu ejemplo,
tú eres su modelo a seguir,
tú formas los valores que ellos van a vivir.

Amando a tu esposa, harás feliz a tus hijos,
y les darás la seguridad que ellos necesitan.
Amando, edificando y siendo fiel a tu esposa,
harás de tu mujer, la madre alegre, amorosa
y segura que tus hijos necesitan.

El padre es sacerdote de su casa;
el padre, como sacerdote es un mediador,
un intercesor ante Dios por su familia,
un líder protector, que busca a Dios,
para guiar y enseñar a su familia,
en la Palabra de Dios.

El varón padre de familia, como sacerdote,
debe conocer a Dios primero, para luego, hablarle
de Dios a su familia, y hablar por su familia a Dios.
¿Varón padre de familia, conoces a Dios?
¿Sacerdote de tu casa estás intercediendo ante
Dios, por tu casa?

La Familia Bajo Ataque

Padre, eres la puerta de bendición a tu hogar,
tienes la responsabilidad de bendecir con
tus palabras y acciones a tus hijos;
ten cuidado con lo que le dices a tus hijos,
ten cuidado con lo que haces, delante de tus hijos.
Habla palabras que den confianza y seguridad
a tus hijos, habla lo que Dios quiere,
para tus hijos.
Pon el fundamento de la Palabra de Dios
en tu casa,
pídele a Dios sabiduría para tener
tus hijos en sujeción,
y para saber gobernar bien sobre tu casa.
Haciendo de tu hogar, una Torre Fuerte,
Donde tu familia se desarrolle segura y fuerte.

Querido padre, pide y agradécele a Dios cada día,
por la fuerza y salud para poder trabajar,
y por abrirte puertas y fuente de trabajo
para traer la provisión a tu hogar.
Padre, que bendición que Dios confió en ti,
al entregar en tus manos unos hijos e hijas;
no para que los desesperes, quebrantes o destruyas,
sino para que los ames, críes, guíes y eduques.
Para que te amen, te respeten y
quieran ser como tú,
Para que vean en tí, la imagen de Dios Padre,
Por todo esto, ¡qué bendición que seas esposo y
padre!
Rosaura Eunice Gaitán de Swanson

6. DEBERES O FUNCIONES DE LA MUJER EN LA FAMILA.

6.1. Mujer Como Ayuda Idónea De Su Esposo:

Génesis 2: 18. Y dijo Jehová Dios: No es bueno que el hombre esté solo; le haré ayuda idónea para él.

Estudiaremos los deberes o funciones de la mujer en la familia, según la Palabra de Dios. Leemos el versículo donde Dios habla, de la necesidad que tenía Adán de una ayuda idónea. **Ayuda en hebreo es Ezer: Ayudar, asistir, auxiliar, rodear, circundar, proteger, aliada, amparo, dar, defender.** Todos estos son los significados de la palabra "ayuda". Invito a cada mujer que lea cada una de estas palabras y las medite, las estudie detenidamente, y lo más importante las ponga en práctica. Pueden estudiar más sobre esto en: http://www.4christ.es

Muchas veces, las mujeres se casan sólo pensando en lo que el hombre debe hacer, o darle a ellas; pero no saben y tampoco se interesan por conocer el papel que ellas, deben desempeñar en la vida de su esposo, y lo que **Dios quiere que ellas sean, ofrezcan y hagan como esposas y madres**.

Las mujeres fueron dotadas por Dios de una gran sensibilidad, fortaleza y abnegación. Una mujer que ha entregado su vida a Jesús, deseara conocer y hacer la voluntad de Dios, en su papel de esposa y madre. Será una mujer libre de egoísmo, y podrá cumplir sus funciones para las cuales fuimos creadas y capacitadas en nuestro ser interior, y en el diseño anatómico por Dios, para desempeñar con excelencia nuestra labor.

Una esposa cristiana rodeará con sus cuidados, consejos sabios y oraciones a su esposo e hijos, y los protege y defiende; le ayudará a su esposo a cumplir los propósitos que Dios tiene con él y la familia.

Será una mujer que estará en constante oración e intercesión por su marido, tendrá sabiduría para saber cuándo hablar y cuando callar. La mujer, es la ayuda idónea que Dios quiso traerle al hombre, cuando se encontraba solo; la puso al lado del hombre, con **iguales derechos, con igual valor, pero con diferente posición y funciones.**

La mujer no debe estar compitiendo con el marido en ninguna área, ella debe ser una compañera, que ayudará a su esposo, no rivalizará con él, o no pretenderá ocupar el lugar del marido. Para su esposo, es una aliada para el bien. Una aliada que le ayudará al marido, a andar en la voluntad de Dios, y ser un mejor hombre cada día y un siervo de Dios; digo una aliada para el bien, y quiero explicar acerca de esto: La mujer debe sujetarse y obedecer a su marido, esta es una orden de Dios para la mujer; pero hay algunas excepciones cuando la mujer no debe ser aliada para su marido, vemos una historia en el nuevo testamento, donde la esposa fue una aliada de su marido, en hacer algo incorrecto: mintieron, y las consecuencias de éste hecho, fue que ambos murieron. Esto lo podremos entender más, cuando veamos a continuación el significado de la palabra: "idónea".

En hebreo la palabra idónea es Kenegdó y significa: "frente a él, o enfrentada a él, o en su contra".

A continuación, citaré un párrafo de un estudio sobre el significado de idónea:

"La palabra Kenegdó o idónea, adopta el sentido según las actitudes y las acciones que el esposo este llevando a cabo; así por ejemplo, si sus acciones son acordes al propósito declarado en la visión que Dios le ha otorgado con la familia, la mujer se convierte en la ayuda que anima, añade confianza y esfuerza a su marido; en cambio, si el hombre pierde esa visión, la mujer se volverá contra él y le confrontará por su actitud y acción, y le conminará, le exhortará a adoptar aquellas decisiones que le hagan volver a encontrarse en la ruta correcta. En ambos casos, frente a él o en su contra, ella es un Ezer, *una ayuda, que busca que el hombre cumpla sus propósitos*".

"Le haré un poder (fuerza o socorro), la mujer, que sea digna de estar al lado del hombre, para que lo esfuerce a continuar con sus propósitos; y que le ayude a ver o se oponga, cuando el hombre se salga de los planes o camino que Dios quiere, que él este andando en su vida personal y familiar.

La Ayuda Idónea Written By: Claudia Fernández Castro|8 mayo 2010 |Posted In: Casa de Oración Mujer Virtuosa Predicas Reflexiones Sermones Vicky de Olivares.

6.2. Mujer Sujeta A Su Marido:

1 Pedro 3:1: Asimismo vosotras, mujeres, estad sujetas a vuestros maridos; para que también los que no creen a la palabra, sean ganados sin palabra por la conducta de sus esposas,

Efesios 5: 22-24 Las casadas estén sujetas a sus propios maridos, como al Señor;

porque el marido es cabeza de la mujer, así como Cristo es cabeza de la iglesia, la cual es su cuerpo, y él es su Salvador. Así que, como la iglesia está sujeta a Cristo, así también las casadas lo estén a sus maridos en todo.

Colosenses 3:18: Casadas, estad sujetas a vuestros maridos, como conviene en el Señor.

Tito 2:5: a ser prudentes, castas, cuidadosas de su casa, buenas, sujetas a sus maridos, para que la palabra de Dios no sea blasfemada.

El tema de la sujeción de la mujer al esposo es controversial, y para la mayoría de las mujeres es como una piedrita dentro del zapato, aún más ahora, en estos tiempos, donde los valores y roles están contrarios a la Palabra de Dios. Estar bajo sujeción no es sinónimo de inferioridad, menosprecio o desigualdad; estar en sujeción **es simplemente obediencia a Dios y su Palabra. Es un acto de amor y protección de Dios hacia la mujer, y**

para el bienestar de toda la familia. Pensarán muchas mujeres: "¿Un acto de amor y protección?", pues déjame decirte que sí, y te explicaré el porqué: cuando las mujeres no nos sujetamos al esposo, pasamos su autoridad y tomamos decisiones sin consultarle a él, estaremos luego en problemas y con cargas que no deberíamos llevar. Te pondré un ejemplo de algo que me sucedió hace unos años. Una persona me pidió que le sirviera de fiadora para sacar un electrodoméstico, yo le dije que sí y no consulte con mi esposo. Tome una decisión sin tener en cuenta la opinión de él, y las consecuencias que he tenido que sufrir son bastantes molestas; esta persona no pago unas cuotas, fui reportada a data crédito, y por este problema se me dificultó hacer luego unas negociaciones, entre ellas, el obtener el alquiler de una casa para vivir con mi esposo. Puse en riesgo la estabilidad familiar y he tenido momentos de disgusto con estas personas, que no le desearía a nadie. Me arrepiento de haber pasado la autoridad de mi esposo y haberme involucrado en este problema, que ha sido todo un dolor de cabeza.

Otra cosa importante es, sujetarnos al esposo, sin importar su condición espiritual, nos sujetamos a él, por su posición de autoridad y cabeza del hogar, no porque él sea un hombre perfecto, espiritual o lo merezca. Muchas mujeres entregan su vida al Señor Jesús, primero que sus esposos, entonces comienzan a creerse mejores que ellos, más aptas para tomar las decisiones del hogar, más "espirituales" que sus maridos y comienzan a menospreciar a sus esposos, y a no sujetarse a ellos. **Este es el mayor error que una mujer cristiana puede cometer.** Miremos unos consejos que da la Palabra de Dios a las mujeres en el libro de **Tito capítulo 2: 3. Las ancianas asimismo sean reverentes en su porte; no calumniadoras, no esclavas del vino, maestras del bien; 4. que enseñen a las mujeres jóvenes a amar a sus maridos y a sus hijos, 5. a ser prudentes, castas, cuidadosas de su casa, buenas, sujetas a sus maridos, para que la palabra de Dios no sea blasfemada.** Esta Palabra es fundamental, se dan varias recomendaciones a las mujeres, y una de ellas es que las mujeres estén sujetas a sus maridos, ***para que la palabra de Dios no sea blasfemada.***

Se estarán preguntando, ¿cómo es esto?, bueno trataré de explicarlo lo más sencillo posible: Una esposa cristiana que está asistiendo a la Iglesia y que lee la palabra de Dios, pero luego llega a su casa, no atiende al esposo, descuida a los hijos, o no obedece al marido, ni lo respeta, le contesta mal, se cree mejor que él, lo desautoriza o ridiculiza delante de los hijos, esto provocará que el esposo piense y diga: "Tú estás yendo a la iglesia, lees la Biblia, pero estás descuidando el hogar, eres rebelde y no me respetas", ¿qué te están enseñando en esa Iglesia?, ¿eso es lo que aprendes en la Biblia?. El hombre blasfemará de la palabra de Dios, por la conducta rebelde y mal testimonio de la esposa. Te aseguro que tu esposo no tendrá deseos de acercarse a Dios o leer la Biblia, a causa de tu conducta desobediente, y de no sujetarte a él.

He leído testimonios sobre esposos que han prohibido a la mujer ir a la iglesia y ellas obedecen, pero siguen orando, teniendo comunión con Dios, leyendo la Palabra en sus casas, sujetándose, respetando a sus maridos y amándolos, cuidando de sus hijos con amor y esmero; y no pasa mucho tiempo, sin que el esposo comience a cambiar y a ser tocado y transformado por Dios, hasta querer tener la paz y el gozo, que tiene la esposa y por tal motivo rendirá su vida al Señor Jesús, por el buen testimonio de su mujer. No digo que debes dejar de ir a la Iglesia, si tienes problema con tu esposo a cerca de esto, dialoga con él y trata de conciliar tu ida a la iglesia, pero sí él te lo prohíbe rotundamente, sería bueno que consultaras con el pastor o consejero de familia de tu congregación, acerca de lo que deberías hacer en este caso.

Estarán pensando que hay algo de contradicción en lo que estamos estudiando ahora, en cuanto a la sujeción, con lo que vimos anteriormente, sobre oponerse en algunas ocasiones, o hacerle ver a su esposo algo que está incorrecto. En el caso, cuando la ayuda idónea se opone o no está de acuerdo con su marido, **en algo que no es correcto, en este caso en particular, ella no está siendo insujeta o rebelde; simplemente, está ayudando a su marido a ver algo que está incorrecto**, aquí ejerce su rol de **Kenegdó o idónea.** La mujer debe ser muy sabia, y **sin faltar el respeto a su marido**, deberá establecer su posición firme, de no estar de acuerdo, en aquello que el hombre está haciendo fuera de la voluntad de Dios; ya si el hombre prosigue, al menos ella fue esa voz de alerta, haciendo su papel de idónea, en ayudar a su marido a hacer lo correcto y permanecer en la Palabra y en la voluntad de Dios.

La Familia Bajo Ataque

Continuando con nuestro tema de la sujeción de la mujer al esposo, mi pregunta para ti, querida mujer, es: ¿Estás haciendo todo lo posible por sujetarte a tu marido o todavía tienes dificultad en cumplir con este mandato de Dios?

Sé por experiencia que no es fácil, pero tampoco es imposible. He tenido situaciones, en las cuales no quiero hacer lo que mi esposo me pide. Algunos casos, en los cuales, no me gustó la forma en que lo dijo, entonces, he pensado: "No lo haré", pero escuchó una voz muy suave que me dice: "Eunice, hazlo, es algo simple, solo sirve con amor". Sé que es la voz del dulce Espíritu Santo, decido hacer lo que mi esposo requiere, y después de esto, hemos tenido tiempos hermosos de compartir y conversar en armonía. Hubiese perdido un tiempo de calidad con mi marido, si me hubiese retraído y haber estado ofendida con él; pero escogí obedecer a Dios, y esto me ayudó a salir de mi enfado y luego a disfrutar de un buen tiempo con mi esposo. Y muchas veces, él luego se disculpa, sin tener aun yo que hablar, sino con mantener una posición de mansedumbre, esto le hace reflexionar, Dios mismo lo confronta, y como resultado el cambia su actitud.

De la sujeción a tu marido dependerá la paz en tu hogar, y también tu propio bienestar. Créeme que te ahorrarás algunas gastritis u otras enfermedades derivadas del estrés, cuando entiendas y practiques la sujeción a tu marido.

Por otro lado, cuando tu marido, se está saliendo de la voluntad de Dios, o está haciendo algo indebido, ¿estás tú siendo esa opositora, que le hace ver su error?, pero cuidando la forma en que le haces ver las cosas; no te estoy diciendo, que le faltes al respeto, solamente sé un faro de alerta en la vida de él, cuando necesite una luz roja en su caminar.

Lo Que NO Debe Hacer La Mujer:

- No Tomar el lugar que le corresponde al marido.
- No ser líder en la familia.
- No debe ser independiente.
- Ser insolente y tener un trato irrespetuoso, ridiculizar al esposo.
- No Guardar resentimientos.
- Tratar mal a la familia de él.
- No ser posesivas o manipuladoras.
- No estar de acuerdo con su esposo en cosas incorrectas.
- No Competir con su esposo por la autoridad en el hogar o en cualquier otra área.
- No desautorizar al esposo en presencia de los hijos o extraños.
- No estar recordándole al esposo sus pecados o fallas pasadas.
- No hablar mal del esposo con cualquier persona.
- No esperar que las situaciones empeoren para orar y buscar la ayuda necesaria, en cualquier conflicto grave en el hogar.

6.3. La Mujer Creyente: Canal De Bendición al Esposo y Los Hijos.

1 Corintios 7:13-14 Y si una mujer tiene MARIDO que no sea creyente, y él consiente en vivir con ella, no lo abandone. Porque el MARIDO incrédulo es santificado en la mujer, y la mujer incrédula en el MARIDO; pues de otra manera vuestros hijos serían inmundos, mientras que ahora son santos.

1 Corintios 7:16: Porque ¿qué sabes tú, oh mujer, si quizá harás salvo a tu MARIDO? ¿O qué sabes tú, oh MARIDO, si quizá harás salva a tu mujer?

En estos versículos vemos el papel tan importante que tiene una mujer creyente, y que su buen testimonio, puede ejercer una gran influencia en la vida de su marido y de sus hijos; dice que el marido incrédulo es santificado en la mujer y los hijos son santos, por causa de su madre creyente. También habla que la mujer puede ser un canal de bendición, por el cual su esposo podría llegar a ser salvo.

Estimadas mujeres, no desmayen en su fe, sigan fieles en su testimonio de vida y demostrando el amor en sus hogares, esto dará fruto. Dios es fiel y contestará a sus oraciones, sus esposos, sus hijos llegarán a ser salvos, si ustedes **perseveran** en orar por ellos y con una buena conducta.

Mi querida mujer, que privilegio el que tú puedas ser una canal de salvación y bendición para tu familia. No importa, si las circunstancias en tu hogar están difíciles o imposibles, si el carácter de tu esposo es terrible y tus hijos están fuera de control. Con tus oraciones y manifestación del amor de Dios a través de ti, ellos serán tocados y tarde o temprano, verás con tus propios ojos el cambio en sus vidas.

El Salmo 126:5 dice: **"Los que sembraron con lágrimas, con regocijo segarán".**

Preciosa mujer, ni una lágrima derramada en oración por tu esposo o por tus hijos, quedará sin respuesta. Dios a su tiempo, te contestará.

Quiero hacerte esta pregunta y espero que tú seas muy honesta en contestarte a ti misma. O mejor que tú misma te hagas esta pregunta: ¿Estoy siendo un canal de bendición para mi familia? ¿Qué más puedo hacer para ayudar y bendecir a mi esposo y mis hijos? ¿Estoy sirviendo con amor en mi hogar a mi esposo e hijos, o lo hago sólo por obligación?

Ahora para ir finalizando, con respecto a la buena conducta, quiero hablar sobre la forma de vestir. Mujeres debemos ser sabias y prudentes, usar ropa decorosa y tener pudor al vestir. He escuchado de hombres cristianos quejarse del vestir de las mujeres en la iglesia, todas sabemos que los hombres son muy visuales, respetemos a nuestros maridos y no seamos de tropiezo o tentación para otros hombres. Si tienen hijas mujeres, miren que ejemplo con su vestir, les están dando a ellas.

> **1 Timoteo 2:9: Asimismo que las MUJERES se atavíen de ropa decorosa, con pudor y modestia;...10: sino con buenas obras, como corresponde a MUJERES que profesan piedad.**

> **1 Pedro 3:5: Porque así también se ataviaban en otro tiempo aquellas santas MUJERES que esperaban en Dios, estando sujetas a sus maridos;**

Otro problema de las mujeres es nuestra lengua, **refrenemos nuestra lengua**, no seamos calumniadora, ni chismosas; esto no traerá bendición a nuestros hogares. Muchas mujeres están recogiendo lo que han sembrado con su boca. La Palabra dice, que cuando juzgamos, criticamos, luego nosotros estamos haciendo eso mismo que hemos criticado y recogiendo en nuestro hogar, eso que hemos juzgado.

Recuerdo una familia en el barrio donde yo crecí, la madre en este hogar, era una señora que le gustaba hablar mal de todo mundo y criticar a los hijos de otras señoras del vecindario. Sus hijos e hijas fueron creciendo, y todo lo que la señora criticó de los hijos de las otras mujeres, todo eso malo que juzgaba, sus hijos comenzaron a hacerlo y fueron peores, que los demás jóvenes que ella juzgó. Más adelante hablaré de este tema, con mayor profundidad y les daré unas citas bíblicas que hablan a este respecto.

> **1 Timoteo 3:11: Las MUJERES asimismo sean honestas, no calumniadoras, sino sobrias, fieles en todo.**

> **Romanos 2:1: Por lo cual eres inexcusable, oh hombre, quienquiera que seas tú que juzgas; pues en lo que juzgas a otro, te condenas a ti mismo; porque tú que juzgas haces lo mismo.**

La Familia Bajo Ataque

6.4. La Mujer Virtuosa.

Proverbios 31: 10 -31

Mujer virtuosa, ¿quién la hallará?
Porque su estima sobrepasa largamente a la
de las piedras preciosas.
 El corazón de su marido está en ella confiado,
Y no carecerá de ganancias.
 Le da ella bien y no mal
Todos los días de su vida.
Busca lana y lino,
Y con voluntad trabaja con sus manos.
Es como nave de mercader;
Trae su pan de lejos.
Se levanta aun de noche
Y da comida a su familia
Y ración a sus criadas.
Considera la heredad, y la compra,
Y planta viña del fruto de sus manos.
 Ciñe de fuerza sus lomos,
Y esfuerza sus brazos.
Ve que van bien sus negocios;
Su lámpara no se apaga de noche.
Aplica su mano al huso,
Y sus manos a la rueca.
Alarga su mano al pobre,
Y extiende sus manos al menesteroso.
No tiene temor de la nieve por su familia,
Porque toda su familia está vestida de ropas dobles.

La Familia Bajo Ataque

Ella se hace tapices;
De lino fino y púrpura es su vestido.
Su marido es conocido en las puertas,
Cuando se sienta con los ancianos de la tierra.
Hace telas, y vende,
Y da cintas al mercader.
Fuerza y honor son su vestidura;
Y se ríe de lo por venir.
Abre su boca con sabiduría,
Y la ley de clemencia está en su lengua.
Considera los caminos de su casa,
Y no come el pan de balde.
Se levantan sus hijos y la llaman bienaventurada;
Y su marido también la alaba:
Muchas mujeres hicieron el bien;
Mas tú sobrepasas a todas.
Engañosa es la gracia, y vana la hermosura;
La mujer que teme a Jehová, ésa será alabada.
Dadle del fruto de sus manos,
Y alábenla en las puertas sus hechos.

Este es uno de los más hermosos poemas que describe lo que debe ser una mujer.

A continuación reflexionaremos en algunos de los versos de este poema: El término virtuosa significa: incorruptible, puro, íntegro, bueno, bondadoso, indulgente, benévolo, caritativo, misericordioso, afable. Se aplican a las personas o a sus comportamientos, acciones, etc.,

- ✓ Una mujer virtuosa **es más valiosa** que una joya, que una piedra preciosa. No tienes que poseer joyas, riquezas, o un cuerpo escultural, o un gran título universitario para que te consideres valiosa. Eres valiosa porque Dios así lo afirma. **Y Jesús vio tu valor, cuando decidió morir por ti en la cruz del calvario para salvarte.**

- ✓ Su marido tiene plena confianza en ella. ¿Tu marido puede confiar en ti? ¿Mi marido puede confiar en mí? Cada una sabemos la respuesta.

- ✓ Respeta a su marido, él recibe bien de ella, lo hace feliz, piensa en hacer sentir bien a su marido todos los días, y trata de no contrariarlo. Lo ama y admira, pero no lo idólatra.

- ✓ Es una mujer que se levanta temprano para cuidar de su familia. Es diligente, no es perezosa, en lo que se refiere al cuidado de su casa en general.

- ✓ Trabaja con sus manos, tiene negocios, es creativa, tiene ganancias honestas, **sin descuidar su familia. Sus prioridades están bien enfocadas.**
- ✓ Se esfuerza en suplir las necesidades espirituales, materiales y afectivas de su

esposo e hijos. A veces nos enfocamos en las necesidades materiales, y descuidamos las espirituales y afectivas.

Su familia está protegida en todas las áreas, pues la mujer virtuosa es una intercesora y edifica su casa con su boca y sus manos.

Proverbios 14:1: La mujer SABIA edifica su casa; mas la necia con sus manos la derriba.

- ✓ Cuida su tiempo de comunión con Dios y busca la llenura del Espíritu Santo. Para ser una verdadera ayuda idónea, definitivamente necesitamos estar llenas del Espíritu Santo; pues amar a un hombre, apoyarlo, cuidar de él y de un hogar, a pesar de los problemas personales que puedas tener, y las situaciones cotidianas del hogar, requieren una fortaleza espiritual y un depósito de amor y de los frutos del Espíritu Santo, en el corazón de una mujer. No podemos amar a nadie con nuestro propio amor humano, se requiere estar llenos del amor de Dios, para amar cada día a los que nos rodean.
Gálatas 5:22-23 Mas el fruto del Espíritu es amor, gozo, paz, paciencia, benignidad, bondad, fe,

mansedumbre, templanza; contra tales cosas no hay ley.

- ✓ Tiene misericordia de los pobres y necesitados. El dar a los necesitados es un reflejo del amor de Dios en nuestro corazón, también al hacer esto estamos agrando y alegrando el corazón de Dios y recibiremos recompensa por ello. Y lo más importante estamos enseñando con el ejemplo a nuestros hijos, sobre el ser misericordiosos, no ser egoístas y compartir con otros que están en necesidad.
Proverbios 14:21: Peca el que menosprecia a su prójimo; mas el que tiene misericordia de los pobres es bienaventurado.

- ✓ No tiene temor por el futuro de su familia. Confía en Dios. Muchas madres están preocupadas por sus hijos, por lo que les puede pasar en el entorno en que se están desenvolviendo a diario. Déjame decirte, sí has sembrado en tus hijos la Palabra de Dios, con principios y valores cristianos, y tus hijos han visto buen ejemplo y testimonio de lo que tú predicas, puedes estar segura que ellos no se apartaran del buen Camino, y Dios cuidará de ellos. *Confía y descansa en Dios acerca de tus hijos.*

Proverbios 22:6: INSTRUYE al niño en su camino, y aun cuando fuere viejo no se apartará de él.

- ✓ Es una mujer de testimonio en su vida, en todo lo que ella **es** y **hace.**

- ✓ Su marido es un hombre reconocido, de autoridad y prosperidad en todas las áreas, porque ella ha sido una buena ayuda idónea para él. Ella no está para competir con él, por autoridad, por reconocimiento; *al contrario ella es un apoyo, para que su esposo ascienda en todas las áreas.* Y un esposo sabio sabrá valorar la ayuda de su mujer, amarla y ser el líder que ella necesita.

- ✓ Es una mujer fuerte y se viste de honor y honra. Cuida su honor. Se cuida ella misma. No descuida su salud, su aspecto, ni su testimonio. Cuán importante es cuidar nuestro honor. A veces cuando una mujer no encuentra el amor y la comprensión en su esposo, puede estar tentada a buscar ese afecto en otro hombre. Un consejo que te doy, es que nunca tengas como mejor amigo, a otro hombre que no sea tu esposo. *Si tu esposo no está supliendo en ti esa necesidad afectiva, refúgiate en el amor Dios, los brazos de Jesús son el mejor lugar para ti.* No des lugar a que tu nombre y reputación caiga en deshonra, por tener compañías que no te convienen. También cuida tu forma de vestir, pues eso es un reflejo de lo que hay en tu interior. Que tu deseo sea lucir siempre hermosa solamente para tu marido, y siempre conservando el pudor de una mujer virtuosa, uno de los sinónimos de virtud, es pureza. Cuando te vistas, mírate en un espejo y pregúntate si tú forma de vestir refleja pureza o seducción y tentación para los hombres. En la parte de intimidad con tu esposo, si **debes** estar lo más atractiva y seductora para tu esposo, en la privacidad de tu dormitorio. La Biblia enseña sobre la belleza y pureza del sexo en Cantar de los Cantares, y otros versos en proverbios, donde habla que la mujer debe satisfacer a su esposo con abundantes caricias.

Proverbios 5:19: Como cierva amada y graciosa gacela. Sus CARICIAS te satisfagan en todo tiempo, y en su amor recréate siempre.

La Familia Bajo Ataque

Con tu esposo debes ser una graciosa gacela y saber halagar y complacer a tu marido. Sobra decir que todo esto estará, dentro de los parámetros naturales, que Dios dispuso para el acto sexual.

- ✓ Es alegre y habla con sabiduría. Sabe callar y sabe expresarse según las circunstancias. La mujer que sabe dominar su lengua, definitivamente está bajo el señorío del Espíritu, y no de la carne; cuán difícil es que las mujeres refrenemos nuestras lenguas. **Es difícil pero no imposible**. Una mujer virtuosa, es una mujer sabía que está llena del Espíritu, y podrá callar o hablar en los momentos precisos. ¿Quieres construir un hogar de paz, quieres edificar realmente tu casa?: Refrena tu lengua, y cuando hables que sea para edificar, no para destruir, herir, menospreciar, juzgar, maldecir, gritar, insultar, burlarse, ofender, chismear, etc. Cuida tu lengua y decide que vas a hablar: vida o muerte, edificación o destrucción.
Proverbios 15:2: La LENGUA de los sabios adornará la sabiduría; mas la boca de los necios hablará sandeces.

Proverbios 15:4: La LENGUA apacible es árbol de vida; mas la perversidad de ella es quebrantamiento de espíritu.

Proverbios 18:21: La muerte y la vida están en poder de la LENGUA,

Y el que la ama comerá de sus frutos.

Proverbios 20:19: El que anda en chismes descubre el secreto; no te entremetas, pues, con el suelto de LENGUA.

1 Pedro 3:10: Porque: El que quiere amar la vida y ver días buenos,

refrene su LENGUA de mal, y sus labios no hablen engaño;...

✓ Esta siempre vigilante de su casa, si tiene empleadas del servicio, sabe dirigirlas, está atenta que los quehaceres del hogar estén siendo bien ejecutados. Sabe delegar, pero está supervisando, *y nunca deja la responsabilidad de educar a sus hijos a las empleadas.* Muchas mujeres han delegado su función de madres y esposas, a las empleadas domésticas, abuelos, tías o profesores, etc.

Con respecto de delegar tus responsabilidades primarias a otros, ten mucho cuidado con esto, pues el tiempo que pierdas, dejando tus funciones a otras personas, nunca lo vas a recuperar con tu esposo e hijos.

Muchas mujeres, han perdido el precioso tiempo de ver crecer a sus hijos, de jugar con ellos, de enseñarles sus primeras palabras, pues no han estado allí en esos momentos para verlos. No te estoy diciendo que te anules como persona o que tus sueños y habilidades no se desarrollen. En estos tiempos la mujer está aportando en el hogar económicamente, tiene su profesión y está ocupando cargos importantes en la sociedad, en la iglesia, es una mujer inteligente, versátil, capaz de adaptarse con facilidad y rapidez a diversas funciones. Todo esto está muy bien, pero mi recomendación es, **no descuidar el hogar, tu familia,** *esa debe ser tu primera prioridad.*

Mi pregunta, querida mujer es: ¿Estás ocupando el lugar, y tomando el tiempo necesario con tu esposo y tus hijos en el hogar, o estás delegando tus funciones principales a otras personas?

Casos se han visto, donde los hijos respetan y aprecian más a las empleadas que a sus madres. O que el esposo ha caído en adulterio, pues las empleadas están más pendientes de él, que su propia esposa. Querida mujer, que no tengas que llorar por tus propios errores.

La Familia Bajo Ataque

Cuida a tu esposo y a tus hijos y tú serás la primera en recibir la recompensa con un hogar feliz, un esposo que te ama y unos hijos que te obedecen y respetan. Tu esposo, no tendrá que buscar por otro lado, pues tú estás supliendo sus necesidades, y tus hijos crecerán sanos emocionalmente.

- ✓ Su esposo y sus hijos, están a gusto con ella, la bendicen, hablan bien de ella, saben que es una excelente esposa y madre; pues se sienten amados, protegidos, cuidados, rodeados, alentados, alimentados y seguros con ella. Apreciada mujer, ¿qué está hablando tu esposo de ti? ¿Qué dicen tus hijos sobre ti?

- ✓ Su mayor tesoro, su mayor virtud, no es su gracia o hermosura, **es su corazón,** pues el **temor al Señor, el temor a Jehová**, está en ese corazón. No hay duda, que la mayor riqueza es tener el "Temor a Dios" en nuestros corazones. Esto nos capacita y equipa, para ser verdaderamente mujeres sabias, y con una hermosura interna, que irradiará tu cara, con una belleza sin igual y perenne, que no necesitarás de cirugías, para embellecerte.

La Familia Bajo Ataque

- ✓ Recogerá del buen fruto que ha sembrado con sus manos, su boca y su conducta. Las recompensas que tendrás luego, serán eternas, de regocijo, de orgullo, de paz, de bienestar, cuando tu esposo te alabe, y tus hijos sean aquellos hombres y mujeres de bien para la sociedad y cumpliendo el llamado que Dios tiene con ellos. Lágrimas de gozo, satisfacción y agradecimiento, saldrán de tus ojos. Aunque para llegar a esto, tal vez primero, tuviste que pagar un precio en oración y morir a algunos de tus deseos, para ahora tener estas incomparables recompensas, de lo que sembraste. Mujer si sembraste amor en tus hijos, recogerás amor de ellos, si sembraste tiempo, tendrás hijos definidos y con un buen futuro, y si les enseñaste a amar a Dios, aseguraste la salvación de sus almas.

- ✓ Será reconocida, elogiada, alabada por lo que ella es y hace. Todo ser humano necesita el estímulo de la aprobación, el elogio, y una mujer mucho más. Pues nuestra naturaleza sensible, se fortalece cuando somos elogiadas por lo que somos o hacemos. Cuando cocinamos algo rico, nos encanta que nuestros esposos o hijos, digan: "Está delicioso, es lo mejor que he comido" O cuando hemos obtenido algún logro, nos encanta que nuestra familia nos felicite y se sientan orgullosos de nosotras. Si eres una mujer virtuosa, recibirás el debido ensalzamiento.

Vemos que la mujer virtuosa, de la cual se habla en Proverbios 31:10-31, es una mujer versátil, trabajadora, sabia, misericordiosa, mujer de negocios, sin embargo, hay muchos más versos allí, donde dice, lo que ella es y hace, para su esposo e hijos, que lo que hace fuera del hogar, esto muestra que **su motivación principal es su familia.**

Es muy lamentable que las madres tengan que dejar a sus bebes, de dos o tres meses de nacido, al cuidado de familiares o extraños. Sería bueno pensar, que tal vez la mujer **podría *trabajar desde su casa*, si es realmente necesario dinero extra** para el hogar, mientras cuida de sus niños. La mujer virtuosa de Proverbios, nuevamente es nuestro ejemplo modelo, de una mujer que trabajaba, **pero siempre tenía en mente el cuidado de su esposo, de sus hijos y de atender primeramente el hogar, aunque también era una mujer de negocios**. Esta mujer sabía administrar y repartir muy bien su tiempo, teniendo como **prioridad la familia**. Madres, nadie podrá reemplazar tu afecto, la seguridad y el amor que tus hijos necesitan. Sí pueden quedarse en casa para cuidar a sus bebes, ¡háganlo!; luego verán el fruto de esto: niños saludables, seguros de sí mismos. Sí tienen que trabajar, procuren que no sea demasiado tiempo fuera de casa, y de darles tiempo de calidad, cuando ustedes estén con sus hijos en el hogar.

Muchos hijos aunque con padre y madre, se sienten solos y abandonados, pues los padres dedican todo el tiempo a sus trabajos y a ellos mismos, olvidándose de sus hijos. Lo material nunca remplaza el afecto, el cuidado, el amor de un padre, y una madre, el calor del hogar, el compartir y conocernos unos a otros en familia. Escribo esto pues en nuestra era de avances en las comunicaciones, las familias se están viendo afectadas. El internet, los celulares, ipad, diferentes videos juegos, etc., están aislando a cada miembro de la familia en su propio mundo. No digo que esto sea malo, o que no se debe tener este tipo de tecnología, lo que recomiendo es poner horarios y normas para usarlos, y hacer todo lo necesario por respetar y lograr el espacio familiar, donde puedan compartir todos los miembros de la familia en unidad.

Y te recuerdo nuevamente, que la clave para que seas una mujer virtuosa, una mujer sabia, una mujer exitosa en todas las áreas de tu vida, **es que, en tu corazón, esté el temor de Dios.** Y otra coasa importante, que **ames a Dios, que Dios sea siempre tu primer Marido,** y quieras agradarle a Él. Ten mucho cuidado de poner a tu esposo o hijos como ídolos; ellos son tu prioridad, pero no deben ocupar el PRIMER LUGAR. **Este lugar le corresponde sólo a Dios.** Cuida tu tiempo personal y tu relación profunda con Él; esto te hará ser, y luego hacer, lo que la mujer virtuosa es y hace.

Mi deseo para ti princesa de Dios, mujer única en su género, con un corazón tan sensitivo y tierno, diseñada para traer balance en el hogar y mostrar el AMOR de Dios en tu familia. Mi oración por ti es, que Dios cumpla los propósitos en tu vida y a través de ti.

Que tengas siempre la fuerza y gozo para ponerle frente a todas las adversidades. Recuerda, no estás sola, Dios quiere llenarte cada día de su AMOR, y de las más hermosas palabras, que tu corazón quiere escuchar: "Eres su amada, su preciosa gacela, la niña de sus ojos, la mujer por la cual, Jesús entregó su vida y murió para salvarte". Tienes un valor eterno para tu Amado Jesús, y Él nos está preparando y adornando para la más hermosa y majestuosa boda, que jamás se ha visto. La Boda, de los que formamos parte, de la Novia de Cristo: "Las Bodas del Cordero".

Déjate preparar, déjate ataviar con el ornato, de un espíritu dulce y apacible. Con el codiciable fruto del Espíritu Santo en tu vida, con el perfecto carácter de Jesucristo manifestado en ti.

Mujer preciosa, mujer virtuosa, mujer guerrera, deleita a tu Amado Jesús con los aromas y perfumes de tu adoración. Adoración y alabanzas que darás en los desiertos dolorosos de tu vida, pero también, en los momentos más felices en tu "Tierra Prometida".

La Familia Bajo Ataque

Apocalipsis 21:9: Vino entonces a mí uno de los siete ángeles que tenían las siete copas llenas de las siete plagas postreras, y habló conmigo, diciendo: Ven acá, yo te mostraré la desposada, la ESPOSA DEL CORDERO.

La Familia Bajo Ataque

Mi querida amiga, después de leer la parte que te corresponde a ti como esposa y madre, quiero que ores y derrames tu corazón ante Dios, dile a Dios cómo te sientes, evalúa como está tu relación con Dios. Si aún no has entregado tu vida a Cristo, si no le conoces como tu Salvador personal, es hora de que lo hagas con una sencilla oración: Jesús, necesito ayuda, tú diste tu vida en la cruz para pagar por mis pecados, mis errores. He vivido mi vida en mis propias fuerzas y a mi manera, y por este motivo he sufrido, me han hecho daño y también yo he dañado a otros, pero ahora te entrego mi vida, mi corazón, perdona todas mis rebeliones y mis pecados, toma el control de mi vida, quiero conocerte como mi Salvador personal, como mi Señor, muéstrame quien eres Tú, y todo lo que tienes para mí. Quiero ser la mujer, la esposa y la madre que Tú quieres que yo sea. Enséñame y guíame. Gracias

Algo importante que te recomiendo es orar y aun si es posible ayunar, y luego escribe los propósitos por los cuales te casaste, y todas las cualidades de tu esposo, que te enamoraron. Las cualidades físicas, morales, intelectuales y espirituales. También escribe aquellas cosas que te gustaría que tu esposo corrigiera, y pregúntale, como tú puedes ayudarle en ese proceso de cambio, en aquellas cosas que no te agradan o están deteriorando la relación. Prepara una cena especial, usa tu mejor vestido y perfume; comparte con tu esposo las listas que has escrito, y que Dios te guie en todo, pues de la relación de ustedes como pareja, depende también el bienestar de tus hijos.

La Familia Bajo Ataque

LA MUJER EN LA FAMILIA

Amada mujer, creada por Dios,
dotada de gran sensibilidad, fortaleza
y abnegación.

Mujer, que ayuda, rodea, protege,
mujer que sabe defender e interceder
por su esposo e hijos.

Esposa, una aliada para su marido,
o una opositora, sí él desvía su camino;
ella lo ayudará, a volver al camino.

Mujer, ayuda idónea con igual
valor que el varón,
pero con distinto rol y posición.

Compañera, que ayudará a su esposo,
no competirá con él,
no pretenderá ocupar el lugar de él.

Mujer, estad sujeta a tu marido,
como lo manda Dios en su Palabra,
para tu propia protección,
como un acto de amor.

Mujer, tu papel y testimonio en
tu familia es muy importante;
eres canal de bendición para tu esposo,

La Familia Bajo Ataque

por ti, tus hijos pueden ser salvados
y santificados.
Amada mujer, vístete con ropa decorosa,
con pudor y modestia.
Vístete como la mujer virtuosa, con honor
esfuerzo, sabiduría, misericordia,
y con el temor a Dios en tu corazón.

Como la Esposa ataviada, primeramente
para su Celestial Esposo,
y luego para sujetarse y bendecir a su esposo
terrenal.

Rosaura Eunice Gaitán de Swanson

7. DEBERES O FUNCIONES DE LOS HIJOS EN EL HOGAR.

Mis queridos joven y jovencita, quiero hablar contigo sinceramente, teniendo en mente cuando tuve tu edad, y ante todo, queriendo lo mejor para tu vida; dándote herramientas y consejos muy útiles para que los pongas en práctica, cuando te sientas sin rumbo, cuando sientas que no te entienden, cuando quieras explotar, o cuando sientas que "todo lo sabes". Yo pase por estos estados emocionales; alguna vez me sentí y pensé, como tú estás sintiéndote y pensando ahora mismo. Alguna vez critique a mis padres, y pensé que ellos no me amaban, que me fastidiaban, y no soportaba sus palabras o sus imposiciones hacia mí. Es más te voy a ser bien franca, alguna vez pensé, que "odiaba a mi mamá", y que sólo le tenía mucho miedo a mi papá. Y algo bien terrible, algún día pensé que la vida no tenía sentido y quería ahorrarme sufrimientos, tomando vías de escape, sin retorno y sin futuro. En otras palabras: "No quería vivir". Así, de grave era mi depresión y desilusión en esta vida. Pensaba: "Que futuro puede tener una jovencita fea y tartamuda" Ser el payaso y hazme reír te todo mundo, o despertar lástima en otros. Definitivamente, yo no quería eso para mí.

Puede ser que te estés identificando con algunas de mis palabras. Lo que te pido y espero de ti, es que continúes leyendo hasta el final este sencillo, pero poderoso manual, con instrucciones de vida, para que escuches al Creador de nuestras vidas, encuentres sentido a la vida, y lo más importante: prolongues tu vida.

Quiero con este manual, traer esperanza y aliento a tu corazón, ser una amiga, que desea lo mejor para ti. Que las instrucciones de Dios te guíen a tierra firme y puerto seguro. Que mis experiencias, te den ánimo, para saber que no eres el único que has pasado o estás pasando por momentos difíciles.

Todos hemos pasado por lo que tú estas pasando, y te puedo decir, que hay otros, que han vivido o están viviendo cosas peores; pero escuchando el consejo de la Palabra de Dios, están saliendo de esas terribles circunstancias o vaivenes emocionales en los que se encontraban. Así que sonríe, y di: "Si ellos pudieron, yo también puedo".

7.1. Obedecer A Los Padres.

- **Efesios 6:1- 3: Hijos, obedeced en el Señor a vuestros PADRES, porque esto es justo. Honra a tu padre y a tu madre, que es el primer mandamiento con promesa;**

> **para que te vaya bien, y seas de larga vida sobre la tierra.**
> - **Colosenses 3:20: Hijos, obedeced a vuestros PADRES en todo, porque esto agrada al Señor.**
> - **2 Timoteo 3:2: Porque habrá hombres amadores de sí mismos, avaros, vanagloriosos, soberbios, blasfemos, desobedientes a los PADRES, ingratos, impíos,...**

La primera orden que Dios ha dado en la Biblia, a los hijos, es OBEDECER a sus padres. Ya estarás un poco inquieto y desagradado al leer estás dos palabras: "orden y obedecer"; pero te prometo, que algún día entenderás, y darás gracias a Dios y a tus padres, por haber practicado contigo estás dos sencillas palabras. Y es más, tú tendrás que aplicarlas y demandarlas a tus hijos.

La Biblia dice que esta obediencia es en el Señor, pudiera decirse que deben obedecer a sus padres como al Señor mismo. Sobra decir que es una obediencia en todo aquello, que está en acuerdo con el carácter de Dios. Un ejemplo extremo que pongo es, si tus padres te piden hacer daño a alguien, matar etc; por supuesto que en ese caso tú estás exento de obedecerles, pues esta orden, está en contradicción con lo que Dios manda.

Dice que obedecer a los padres, "es justo". Voy a estar interpretando esta declaración. Primero estudiemos la palabra justo: recto, equitativo, imparcial, legal, legítimo, ecuánime, entero, firme, exacto, cabal, razonable.   Obedecer a los padres es justo, razonable, legal, etc.; debido a que los padres son los canales, por cuales hemos venido a este mundo. Nacimos por voluntad de Dios, pero aquellos a quienes Dios escogió para darnos sus genes, sus características físicas, sus cuidados, su apellido, son nuestros padres. Los hijos no alcanzan a comprender que sus padres están dando literalmente sus vidas por ellos. Cuando una pareja se casa y tienen hijos, sus prioridades cambian, y literalmente puede decirse, que viven en función de cuidar y proveer todas las necesidades de sus hijos; vienen las preocupaciones y desvelos cuando los hijos se enferman, cuando llegan tarde a la casa o andan con compañías inapropiadas. El desgaste físico cada día, al tener que ir a sus trabajos y obtener el dinero para pagar la renta, la alimentación, vestido, salud, estudio, recreación, etc.

Entonces mi pregunta a los hijos, es esta: ¿Si tus padres que **te dieron la vida, que te están cuidando, que conocen de la vida y sus peligros, que quieren lo mejor para ti, que te aman**, será entonces, justo, razonable y equitativo que tú le obedezcas a ellos? Yo creo que la respuesta es obvia: ¡Por supuesto!, es totalmente JUSTO, RAZONABLE, OBEDECER A LOS PADRES.

El ser humano, tiene en sí mismo, una gran lucha con la rebeldía, desde bebes podemos observar esto en la naturaleza humana. Mi consejo para los niños, adolescentes, jóvenes y aún adultos, **es obedecer el consejo sabio de tus padres.** Como dije anteriormente, no te estoy diciendo que obedezcas en cosas que van en contra de los mandatos de Dios.

La Familia Bajo Ataque

Lamentablemente **por el pecado en el corazón humano, y porque los padres no buscan a Dios,** se equivocan, abandonan y dañan a sus hijos, lo cual es muy triste, y esto NO es exactamente, para lo cual Dios creo a los padres. Y aun padres cristianos, pueden perjudicar a sus hijos, sin darse cuenta, pues ellos NO son perfectos, y también están luchando con su naturaleza de pecado y con el lastre de la educación que tuvieron en sus propios hogares. Con esto no los excuso, pero si te doy una razón para que los comprendas.

Si tú eres un hijo creyente en Jesús y tus padres aún no lo son, ora por ellos, ámalos, perdónalos si te han herido; y si en algún momento ellos están haciendo algo incorrecto; con amor, con mansedumbre y respeto, tomando la Biblia como referencia, puedes hablar a tus padres, sin juzgarles o exhórtales, habla con ellos con consideración y haciéndoles saber, que te dolió o mostrándoles lo que dice la Biblia, sobre la situación que se esté presentando. **Sí ellos no están interesados en escuchar o se molestan, entonces, no digas nada y entrégale esa situación a Dios**. Pero sobre todo, sigue respetándolos, no dejes de orar por la salvación de ellos, **se tú el hijo, que Dios te pide ser, y no tardará mucho en que tus padres lleguen a los pies de Cristo, y sean los padres, que deben ser para ti.**

La Palabra de Dios manda obedecer a nuestros padres en todo aquello que es bueno, como al Señor, aunque muchas veces a ti no te guste, te parezca injusto, o no te parezca bueno. No depende de lo que tú pienses o creas que está bien, es simplemente **una orden que Dios da a los hijos.**

Los hijos cuando son pequeños, buscan en sus padres los modelos a seguir, sus héroes; pero cuando van creciendo, comienzan a pensar que ellos "saben más" que sus padres. Ven a sus padres ya viejos, de otra generación y que no los entienden. Comienzan a juzgarlos por cualquier equivocación que ellos cometan, por lo tanto, creen tener excusas para no obedecer. Pero aquí está el gran problema, el peligro, la gran equivocación y el riesgo para los hijos que hacen esto, pues comienzan a deshonrar a sus padres. Y vamos a hablar de esto en el siguiente tema.

7.2. Honra A Tus Padres.

Hablaremos ahora de la honra a los padres. ¿Qué es honrar?: Enaltecer, distinguir, ensalzar, realzar, favorecer. Mostrar respeto, admiración y estima hacia una persona, sentirse orgulloso de alguien o de una cosa y honrado por ella: "me honro de ser tu hijo, me honro de ser tu amigo, me honras con tu visita".

Demostrar públicamente respeto o admiración por alguien, otorgar honor a algo o a alguien. Significados extraídos de: The Free Dictionary.

Mis preguntas son: ¿Respetas a tus padres?, ¿los admiras?, o ¿te avergüenzas de ellos? ¿Los estimas, los cuidas? ¿Estás orgulloso de tenerlos como padres? **Proverbios 17:6: Corona de los viejos son los nietos, y la honra de los hijos, sus PADRES.** ¿Demuestras privadamente y públicamente respeto a ellos?, o ¿los haces sentir avergonzados? Te sientes honrado con los padres que tienes? Qué lindo es cuando los hijos hablan de sus padres con orgullo, que ven a sus padres como ejemplo en todo. Y aunque, no sean perfectos, los hijos agradecen a sus padres el haber provisto para ellos todo lo necesario.

Como conclusión y pregunta: ¿Estás honrando a tus padres? Examínate, mira las actitudes que tienes con tus padres. Para estar seguro que los estás honrando, pregúntales: ¿Papás, yo los estoy honrando a ustedes? En caso, de que los hallas deshonrado o los estés deshonrando, entonces estás a tiempo de pedirle perdón a Dios, por no honrar a tus padres, y por supuesto, a tus padres, por deshonrarlos.

Pídele ayuda a Dios, para que el fruto del Espíritu Santo crezca en ti, y puedas amar a tus padres, tener templanza, para que cada vez que sientas en tu naturaleza de rebeldía, contestar mal, criticarlos, deshonrarlos, puedas callar tu boca, y puedas darle la honra que ellos merecen. **Y si están equivocados, puedas orar por ellos, doblar tus rodillas a Dios, por la salvación de tus padres, por sabiduría para tus padres.** No será fácil, pero tampoco es imposible. Dios te ayudará. Muchas veces, sencillamente no fui capaz de quedarme callada, cuando mi madre me decía algo, me sacaba de casillas, me irritaba, y caía en la deshonra hacia ella, al contestarle indebidamente, luego me sentía muy mal, me arrepentía de esto y le pedía perdón a Dios, suplicándole que me ayudara a perdonar y honrar a mi madre.

La Familia Bajo Ataque

Ahora me dirás, ¿Por qué es tan importante la honra a los padres? Bueno continuemos con los versículos en Efesios 6:1-3, dice que debemos honrar a nuestros padres, porque éste es el **primer mandamiento con promesa,** mandamiento en la Biblia significa una orden de Dios, no es una sugerencia, no dice: "sí tus padres lo merecen o no", es una orden directa y sin excusas.

Mandamiento significa: Orden que da un superior a sus subordinados para que sea obedecida, observada o ejecutada. Es un mandato, así de sencillo, **Dios te ordena, te manda honrar a tus padres y Dios espera que tú obedezcas y ejecutes esta orden que él te da.**

Ahora, miremos recompensas que Dios tiene para los hijos que honran a sus padres, Dios dice: **"para que te vaya bien, y seas de larga vida sobre la tierra".** Todos queremos que nos vaya bien, todos queremos vivir una larga vida en esta tierra, pueden ver las grandes, las increíbles, las súper chéveres recompensas que ustedes los hijos tendrán, por honrar a sus padres. Creo que cualquier persona con algo de inteligencia, escogerá obedecer a Dios y no tener las consecuencias contrarias cuando se deshonra a los padres. Está muy claro, en otras palabras, **sino honramos a los padres, nos va mal y no tendremos larga vida, moriremos antes de nuestro tiempo.** Por eso les dije anteriormente, que **las consecuencias de la deshonra a los padres son graves, son peligrosas y está en riesgo tu propia vida.**

Tú, entonces, puedes escoger que vas a hacer, que quieres para ti. ¿Quieres que te vaya bien? ¿Quieres tener larga vida? La respuesta es simple y sencilla mi querido amigo o amiga: Honra a tus padres.

La honra a los padres, también tiene que ver con hacerlos sentir bien a ellos, y esto lo puedes hacer, siendo un joven o una jovencita que cumple con sus tareas escolares, que es responsable en sus estudios, que no le estás haciendo perder la plata a ellos, sino que te esfuerzas por sacar adelante tus estudios, que sabes elegir tus amistades, que también cumples con tareas en el hogar: organizar tu cuarto, limpiar, lavar loza, sacar la basura, ayudar a cocinar algo sencillo cuando tu madre no pueda hacerlo. Tu pregunta para tus padres debe ser: ¿En qué puedo ayudar? No habrá pregunta, que haga más felices a tus padres que esa. No tienes que esperar a que te manden, para hacer las cosas. **¿No te gusta que te manden?, entonces, no esperes a que tus padres lo tengan que hacer**.

Sí ves la necesidad de hacer algo en tu hogar y tú tienes la capacidad para hacerlo, entonces, ¡hazlo! No pongas la excusa del tiempo o que lo haga otra persona. Sí es algo sencillo y que tú puedes colaborar, ¡hagámoslo! **Desde el hogar, tú aprendes a vivir en comunidad, a ser una persona útil y te estás preparando para tu vida en pareja, cuando formes tu propio tu familia.**

7.3. Escuchar Y Guardar El Consejo De Tus Padres.

Proverbios 4:1: Oíd, HIJOS, la enseñanza de un padre, y estad atentos, para que conozcáis cordura.

Proverbios 1:8: Oye, HIJO mío, la instrucción de tu padre, y no desprecies la dirección de tu madre;

Proverbios 13:1: El hijo sabio RECIBE el consejo del padre; mas el burlador no escucha las reprensiones.

Proverbios 17:25: El hijo necio es pesadumbre de su padre, y amargura a la que lo dio a luz.

Proverbios 15:20: El hijo SABIO ALEGRA al padre; mas el hombre necio menosprecia a su madre.

Otro deber o necesidad urgente de los hijos, es **escuchar a los padres**. Muchos hijos, solo quieren que los padres los escuchen, **pero mira lo que la Biblia aconseja a los hijos: "debemos escuchar a nuestros padres, escuchar sus consejos". Dice que sí escuchamos sus enseñanzas aprenderemos cordura.** Significado de cordura: Capacidad de pensar y obrar con prudencia, sensatez y juicio. Antónimos de cordura: locura, insensatez, indiscreción, descomedimiento, desmesura.

Creo que no hay mucho que agregar a esto, quieres tener cordura, ser un joven o jovencita que sabe pensar, que es prudente. O quieres actuar locamente, ser insensato, torpe, embarrarla, etc. Estoy segura que tú quieres lo primero, tener cordura; entonces, ya sabes la respuesta: **escucha el consejo de tus padres.**

Muchos hijos, los cuales sus padres aún no son cristianos, tienen en la iglesia, pastores o líderes, que vienen a ser como padres espirituales, que Dios ha provisto para ellos, entonces, escucha a estos padres espirituales. Pablo, el apóstol, llamaba a Timoteo, mi hijo. Pablo era un padre espiritual para Timoteo. Pero sí tus padres son cristianos, entonces, con mayor razón debes escuchar el consejo de ellos.

También dice que el hijo sabio (cuerdo, juicioso, prudente, entendido, docto, erudito, pensador), recibe el consejo del padre, pero el burlador no escucha.

¿En cuál categoría tú quieres estar?, en la de un sabio e inteligente? o en la de un burlador y necio? Muchos hijos, se burlan de sus padres, los ridiculizan, dicen que son anticuados, que no saben de lo bueno, que no los quieren dejar vivir a ellos, que son egoístas, que ellos están más avanzados que sus padres, que tienen más conocimiento que ellos; y por este motivo no los escuchan. Mi querido amigo, tu papá y tu mamá pueden ser viejos, tus padres puede que no tengan el estudio que tú tienes, pero déjame decirte que **ellos tiene la experiencia y sabiduría que les ha dado la vida, como dice un refrán: "sus canas no son pintadas". Esas canas, hablan de experiencia, de dolor, tal vez de fracasos, de preocupaciones por sus hijos, por sacar el dinero para proveer en su hogar, por días y noches de trabajo duro, para mantener a la familia. Es un gran dolor y decepción para el corazón de los padres, cuando sus hijos, no los escuchan, no los obedecen, y no los honran.**

La Biblia lo dice, el hijo necio es pesadumbre. Significado de pesadumbre: sentimiento de pena o disgusto, desazón, pesar, dolor, tristeza.

La Familia Bajo Ataque

Causa o motivo que provoca tal sentimiento: "su rebeldía era una gran pesadumbre para sus padres".

También dice que un hijo necio, que no escucha es amargura para la que lo dio a luz, o sea para la madre. Amargura: amargor, hiel, aflicción, pena, pesadumbre, pesar, tribulación, disgusto, sufrimiento, desconsuelo (tendencia al llanto), martirio, dolor, penalidad, calvario. Lee bien cada una de las palabras anteriores, y quiero preguntare lo siguiente**: ¿Querido hijo esto es lo que quieres producir en el corazón de tu mamá?**

En Proverbios 15:20, vemos que el hijo sabio, alegra al Padre. Qué bien y que orgullosos se sienten los padres cuando sus hijos están obedeciendo, cuando están siendo los mejores en su clase, cuando se están esforzando por salir adelante, cuando están dejando aquellas compañías que no les convienen y cuando saben decir: "NO", antes las tentaciones.

Mi pregunta sería: ¿Quieres ser motivo de pesadumbre para tu padre y amargura para tu madre, o motivo de alegría y orgullo para ellos? Lo más seguro, es que sabiendo ahora, lo que Dios dice en la Palabra, y conociendo las consecuencias de no obedecer, y también por amor y agradecimiento a tus padres, **escogerás honrarlos y escucharlos.**

Sí, no te has podido llevar bien con tus padres, reconócelo ante Dios, y como te dije anteriormente, en ocasiones, no es fácil, pero Dios te ayudará a hacerlo. **Lo primero que Dios me hizo entender, acerca de mis padres, fue que ellos tampoco tuvieron padres que los hubiesen amado, educado y cuidado cómo es debido; por lo** tanto, mis padres, no tenían un modelo a seguir en cuanto a ser padres; y al no haber recibido un "verdadero amor", tampoco sabían cómo amar y educar correctamente. No podía pedirles a ellos que me dieran, lo que ellos nunca tuvieron. No se le puede pedir a un árbol de naranjas que dé manzanas. Era como si Dios, me hubiese dicho: "entiéndelos, perdónalos, ámalos, hónralos, y ora por ellos. Yo me encargaré de ellos". Y así fue, Dios comenzó a cambiar a mis padres con el pasar del tiempo.

7.4. Los Hijos Recibiendo Disciplina.

Proverbios 3:11: No menosprecies, HIJO mío, el castigo de Jehová, ni te fatigues de su corrección;

Proverbios 3:12: Porque Jehová al que AMA, como el PADRE al HIJO a quien QUIERE.

Proverbios 10:13: En los labios del prudente se halla sabiduría; Mas la VARA es para las espaldas del falto de cordura.

212. Proverbios 22:15: La necedad está ligada en el corazón del muchacho; mas la VARA de la corrección la alejará de él.

213. Proverbios 23:13: No rehúses corregir al muchacho; porque si lo castigas con VARA, no morirá.

La Familia Bajo Ataque

Proverbios 29:15: La VARA y la corrección dan sabiduría; mas el muchacho consentido avergonzará a su madre.

El tema de la corrección causa mucho debate en estos tiempos. Los sicólogos están en contra del castigo físico, y hay países donde los padres pueden tener problemas con la policía, si disciplinan a sus hijos. En la Biblia leemos que Dios corrige, que Dios al que ama castiga. ¿Cómo puede ser esto, de que Dios castiga y corrige? Bueno amigos, no lo digo yo, lo dice la Biblia, y miremos porque Dios tiene que hacerlo. Nos dice que la necedad y la rebelión están ligadas al corazón humano, y que si no recibimos corrección, sencillamente creceremos como una especie de árbol torcido, haciendo lo que se nos venga en gana, no teniendo respeto, por nadie ni por nada, y el resultado de una vida así, serán fatales consecuencias, muchos problemas, y **no podrán adaptarse fácilmente a la sociedad, pues no fueron corregidos y preparados para vivir en ella. La sociedad tiene normas, las ciudades y países tienen leyes, que al ser transgredidas, acarrean penalidad.**

Por ejemplo, si un padre no corrige al hijo, cuando traiga a su casa algo que no le pertenece, o cuando halla irrespetado a alguien; este niño crecerá con esas conductas, y el resultado serán problemas judiciales, la cárcel, etc.

Una vez escuche un relato de un padre sobre su hijito, era un niño pequeño y estaba metiendo alambres en un toma corriente, su padre lo vio, y le dijo que no lo hiciera, pero cuando su padre se descuidaba, el niño volvía a hacerlo, el padre tapaba el toma corriente y lo regañaba para que no lo hiciera, pero el niño, quitaba la cinta que el padre ponía y seguía insistiendo en meter cosas allí. El padre sencillamente tuvo que darle en la colita con una varita de madera, y de esta forma el niño por temor a recibir la corrección en su colita, no volvió a meter nada en el toma corriente. ¿Qué hubiese pasado, sí el padre deja al niño meter cosas en el toma corriente de alto voltaje? Pues obvio, el pequeño se hubiese hecho daño o hasta electrocutado. A sí mismo es Dios con nosotros, él nos tiene que disciplinar, porque nos ama y no desea que nos pase nada malo. Entonces, Dios también recomienda a los padres disciplinar a los hijos. Dice que el padre que ama a su hijo, lo disciplinará y alejará su alma de la muerte, además la corrección enseñará sabiduría al niño o al joven; y nos dice que un niño que no fue corregido, será luego una vergüenza para los padres.

Esto lo vemos todos los días en los supermercados, niños tirados en suelo haciendo pataletas y gritando a los padres, para que les compren lo que ellos quieren, y sus padres están con sus caras rojas de la vergüenza y el disgusto. Muchos jóvenes, nunca recibieron corrección cuando niños, y sus padres les dejaron hacer lo que quisieron, como resultado, vemos jóvenes con malas compañías, en las drogas y sin un norte, o sin ningún sentido de existencia. **Nunca fueron orientados, disciplinados y por tal motivo, no saben tomar decisiones sabias y alejarse de los peligros. Esto es muy lamentable y es la realidad de nuestra sociedad.**

La Familia Bajo Ataque

Al hablar de castigo, corrección o disciplina, nunca me refiero a maltratar a los hijos, a pegarles con ira, y lastimarlos, dándoles en cualquier parte de su cuerpo y usando instrumentos que les causen daño. En la parte que corresponde a los padres estoy hablando sobre este tema con más profundidad. Pues en este tema de la disciplina, no se debe caer en ningún extremo.

Queridos jovencitos, mi consejo es que acepten la corrección de sus padres, sí ellos deciden disciplinarles, ya sea quitándoles algún privilegio, o prohibiéndoles algo, lo más seguro es que ellos lo están haciendo por el bien de ustedes. Tal vez ellos quieren enseñarles algo, o apartarlos de un peligro, ellos los aman y desean lo mejor. Todo buen padre, desea ver a sus hijos saliendo adelante, por un buen camino y con un futuro asegurado y brillante.

La disciplina no nos gusta, pero qué valiosa es, cuando se aplica correctamente, en el momento adecuado, y también podríamos decir en el lugar adecuado; pues recomendé a los padres, NO golpear en cualquier p arte del cuerpo, se recomienda, en los niños pequeños, en la colita, y en los más grandes (10 años en adelante), usar la supresión de cosas o quitar privilegios, pero NO usar el castigo físico. Volviendo a la importancia de la disciplina, podemos decir que esta nos libra de dificultades futuras, y aún de la misma muerte, y no estoy exagerando, ¿recuerdan el ejemplo del niño y el toma corriente? Bueno, si aplicamos el caso, a un joven o jovencita, que sus padres, les están disciplinando por andar con malas compañías y ellos persisten, de seguro al final no tendrán un buen final. **He conocido el caso de jóvenes que han muerto, por no obedecer el consejo o la disciplina de los padres, y haciendo lo que ellos han querido hacer.**

En mi caso, recibimos disciplina, a veces un poco fuerte, pues mis padres no sabían las instrucciones de la Biblia: "sin ira y sin exasperarnos". A medida que mis padres comenzaron a seguir en los caminos de Dios y sus instrucciones, todo fue cambiando para bien en nuestra familia.

Somos siete hijos, y creo que la corrección de mis padres, fue una de las influencias más provechosas, para que seamos personas de bien, trabajadoras, respetuosas de la ley y sabiendo vivir en sociedad.

Mi oración por ti, es que seas un joven o jovencita que recibe la corrección de sus padres, y así podrás tener sabiduría y ser una persona que marque la diferencia, no ser otro del montón, que no sabe para dónde va, ni lo que quiere. Como un dicho que dice: ¿Dónde va Vicente? ¡Para donde va la gente! Vicente en este caso, vive por vivir, y va donde los otros van. Pero NO TIENE UN CRITERIO PROPIO. Hace lo que quiere hacer, y lo que ve, a otros hacer. **No tiene un código de vida, unas normas que rijan sus acciones; y esto se debe a que NO fue corregido, o NO recibió la disciplina, que sus padres quisieron darle.**

Mi mayor deseo para ti, querido joven y jovencita, es que seas el orgullo de tus padres y no su vergüenza.

Oro por tu vida ahora mismo, que Dios te ayude y te hable, a través de este manual para los hijos, basado en la Biblia y en experiencias reales. Otro importante consejo que te doy es: Si no has recibido a Jesús como Salvador, abre ahora mismo tu corazón y recibe su amor y perdón. Y sí eres cristiano, busca cada día más a Dios en oración, leyendo la Biblia y congregándote en una iglesia de sana doctrina; así encontrarás instrucción personal para tu vida y crecimiento espiritual.

Ah, unas últimas palabras, te acuerdas que te dije que era tartamuda y que no quería vivir. Pues te diré, Dios sano mi temor a hablar, de hecho, fui profesora por muchos años, estuve en misiones fuera de mi país ayudando a niños en alto riesgo, escribí un libro poemas y declamo. Sí, sí, como lo lees, Dios guio mi sanidad en el problema de la tartamudez, también mi relación con mis padres es muy buena, ahora, AMO a mis padres, estoy casada con un hombre extranjero y soy pastora en nuestra congregación, en Cali, Colombia. Tengo muchas razones para vivir y sobre todo para dar gracias a Dios. ¡DIOS ES BUENO! Y Él quiere hacer grandes cosas para ti también, te lo puedo garantizar, pues lo hizo conmigo, con mis familiares y conozco muchos otros testimonios de jóvenes y jovencitas, que NO tenían ninguna esperanza en su futuro, pero Dios cambio sus vidas en forma extraordinaria.

Sí tienes alguna pregunta, o si estás pasando por una dificultad, puedes escribirme a mi correo electrónico que aparece al final, será un placer y honor ayudarte.

La Familia Bajo Ataque

PARA LOS HIJOS

Amados hijos,
obedezcan a sus padres,
pues esto agrada al Señor.
Obedeciendo a tus padres,
te irá bien en esta vida,
y tendrás larga vida.

Obedecer a tus padres es
una orden que te da Dios,
es algo justo y razonable,
para tu bendición y protección.

Hijos, amen, respeten y
perdonen a sus padres.
No los juzguen o critiquen,
sean los hijos que deben ser,
oren, y Dios los ayudará a ellos,
a ser los padres que deben ser.

Honra, enaltece y admira a tus padres,
no te avergüences de tus padres;
no los desprecies a ellos,
ellos son tu honra,
ellos no merecen tu deshonra.

Pídeles perdón, por deshonrarlos,
Pídeles perdón por no amarlos.
Hijos cumplan con sus deberes,

La Familia Bajo Ataque

ayuden en el hogar, y te estarás
preparando, para cuando
tengas tu propio hogar.

El hijo sabio recibe el consejo e
instrucción del padre, el hijo sabio
escucha la dirección de su madre.
Hijo, alegra el corazón de tu padre,
y no traigas dolor al corazón de tu madre.

Acepta la disciplina y corrección
de tus padres,
alejarán tu corazón de la necedad,
traerán prudencia y sabiduría a tu vida,
y aún de la muerte, librarán tu vida.

Rosaura Eunice Gaitán Swanson

AGRADECIMIENTOS

Quiero agradecer a Dios, por ser el Creador de la Familia. Por imaginar y haber hecho realidad, la unión de un hombre y una mujer; tan distintos en muchos aspectos, pero tan complementarios el uno al otro.

Poner en sus corazones el Amor y la atracción que hacen posible la unión. Ese amor que nos lleva al sacrificio, a dar lo mejor de nosotros, por el bienestar de nuestro cónyuge.

Y qué decir de los hijos, grandes bendiciones, que son la extensión del amor de los padres. Hijos que son nuestra herencia.

*Agradezco a Dios, por dejar el "Manual de Instrucción", con los consejos y órdenes precisas; que son los fundamentos sólidos, para **construir la TORRE FUERTE, La TORRE SEGURA**, que se llama: **"FAMILIA".***

Y finalmente, por darme un esposo, con el cual estamos construyendo nuestra "Torre".

¡Por todo esto, GRACIAS DIOS!

Rosaura Eunice

ACERCA DE LA AUTORA

Nací en Santiago de Cali, soy hija del señor Carlos Fernando Gaitán y la señora Rosaura Muñoz, en un hogar conformado por seis hijas y un hijo. Realicé mis estudios en Cali, Colombia, como educadora, y trabajé por espacio de 15 años en diferentes escuelas y colegios de esta ciudad. Estoy casada con un hombre canadiense.

Publiqué mi libro de poemas en el año 2.006. Reconozco que mi talento para escribir y declamar son un regalo de mi Creador. Ahora, Dios ha puesto en mi corazón la urgencia de este "Manual Para Las Familias", el cual deseo, sea de bendición y ayuda, a todo aquel que lea, y ponga en práctica, lo aquí he escrito. No por ser mis palabras, sino porque he tratado de presentarles, **lo que Dios dice en su Palabra**, para las Familias.

INFORMACIÓN Y CONTACTO

Nombre de la compañía:
Ministerio Desde los Corazones

Autora: Rosaura Eunice Gaitán de Swanson

Dirección: Cali, Colombia, Sur América

Bloger: http://eunicegaitan.blogspot.com

Email: Shalomeunice1@yahoo.es

Teléfono: 313 727 48 19

Whatsapp: +57 313 727 48 19

Facebook: Rosaura Eunice Swanson

Twitter: @EuniceGaitan

www.ingramcontent.com/pod-product-compliance
Lightning Source LLC
Chambersburg PA
CBHW042322150426
43192CB00001B/16